MEDICI

改变历史的意大利豪门：
传奇家族美第奇

[英] 丹·皮尔 编著　张建威　李维佳 译

中国画报出版社·北京

图书在版编目（CIP）数据

改变历史的意大利豪门：传奇家族美第奇 /（英）
丹·皮尔编著；张建威，李维佳译. -- 北京：中国画
报出版社，2024.3
（萤火虫书系）
书名原文: Book of the Medici
ISBN 978-7-5146-2302-4

Ⅰ.①改… Ⅱ.①丹… ②张… ③李… Ⅲ.①美第奇
(Medici, Lorenzo de 1449-1492)—家族—史料 Ⅳ.
①K835.460.9

中国国家版本馆CIP数据核字(2023)第217609号

Articles in this issue are translated or reproduced from the Medici Third Edition and are the copyright of or licensed to Future Publishing Limited, a Future plc group company, UK 2022.

北京市版权局著作权合同登记号：01-2023-4984

改变历史的意大利豪门：传奇家族美第奇

［英］丹·皮尔 编著 张建威 李维佳 译

出 版 人：方允仲
审   校：崔学森
责任编辑：李　媛
内文排版：郭廷欢
责任印制：焦　洋

出版发行：中国画报出版社
地　　址：中国北京市海淀区车公庄西路33号　邮　　编：100048
发 行 部：010-88417418　010-68414683（传真）
总编室兼传真：010-88417359　版权部：010-88417359

开　　本：16开（787mm×1092mm）
印　　张：13
字　　数：220千字
版　　次：2024年3月第1版　2024年3月第1次印刷
印　　刷：北京汇瑞嘉合文化发展有限公司
书　　号：ISBN 978-7-5146-2302-4
定　　价：75.00元

欢迎走近
传奇家族美第奇

从银行家、放债人到大公、教皇、王后,美第奇家族翘楚辈出,扶摇直上,一跃成为意大利乃至欧洲叱咤风云的家族之一——无论是在科西莫·德·美第奇僭主治下崛起,还是在历经三百余载斗转星移之后于吉安·加斯托内·德·美第奇大公手中葬送,本书将把个中故事一一道来。请跟随我们穿越回佛罗伦萨这个名门望族的兴衰之地,透视他们呼风唤雨的往昔生活,回眸美第奇银行的隆替之路。作为艺术赞助方,佛罗伦萨的这一豪门世族还是史上伟大文化变革的有力推手,斥资赞助了文艺复兴时期的艺术大师和思想巨匠,达·芬奇、米开朗琪罗和伽利略等概莫能外。然而,并非所有人都对美第奇家族顶礼膜拜,其对手帕齐家族就曾图谋取而代之,意欲颠覆美第奇家族于血雨腥风之中,到头来却作法自毙。继续翻阅下去,探寻这个贵戚权门背后更多的故事。

目录

- 6 美第奇家谱
- 8 美第奇家族的崛起
- 20 佛罗伦萨与美第奇家族
- 32 科西莫·德·美第奇：无冕之王
- 44 "豪华者"洛伦佐·德·美第奇
- 48 佛罗伦萨死亡事件：帕齐阴谋
- 61 美第奇与波吉亚
- 70 金融大鳄
- 84 美第奇家族：文艺复兴教父
- 96 达·芬奇
- 106 马基雅维利

- 112　米开朗琪罗
- 122　拉斐尔
- 130　科西莫一世：美第奇大公
- 138　宫殿、赞助人和王公贵族
- 148　教会贵族
- 154　利奥十世：第一位美第奇家族教皇
- 163　克雷芒七世：不幸的教皇
- 168　凯瑟琳·德·美第奇：备受争议的王后
- 176　科西莫二世：科学庇护者
- 182　科西莫三世：王朝的覆灭
- 188　美第奇王朝落幕
- 198　后美第奇家族时代的佛罗伦萨

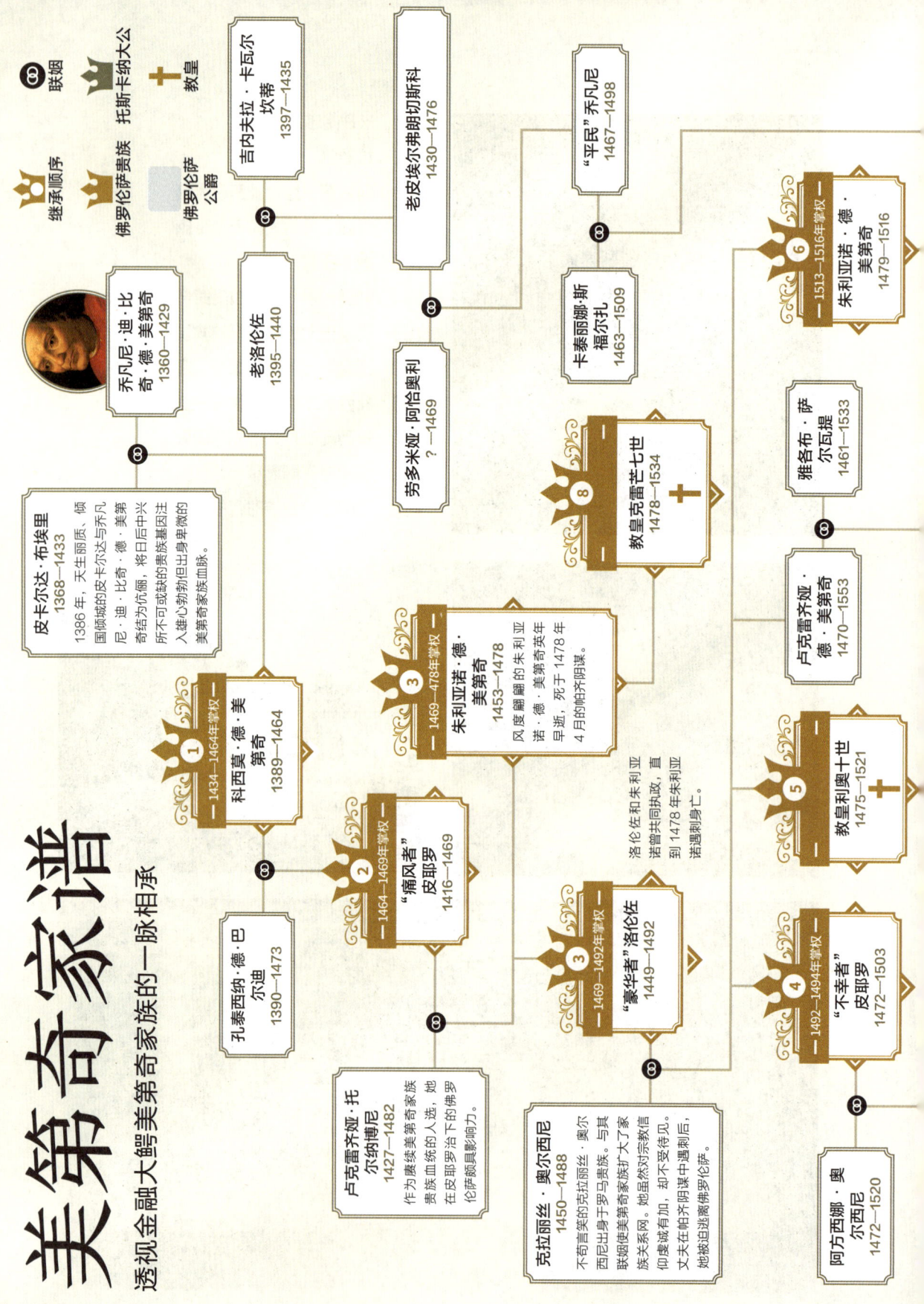

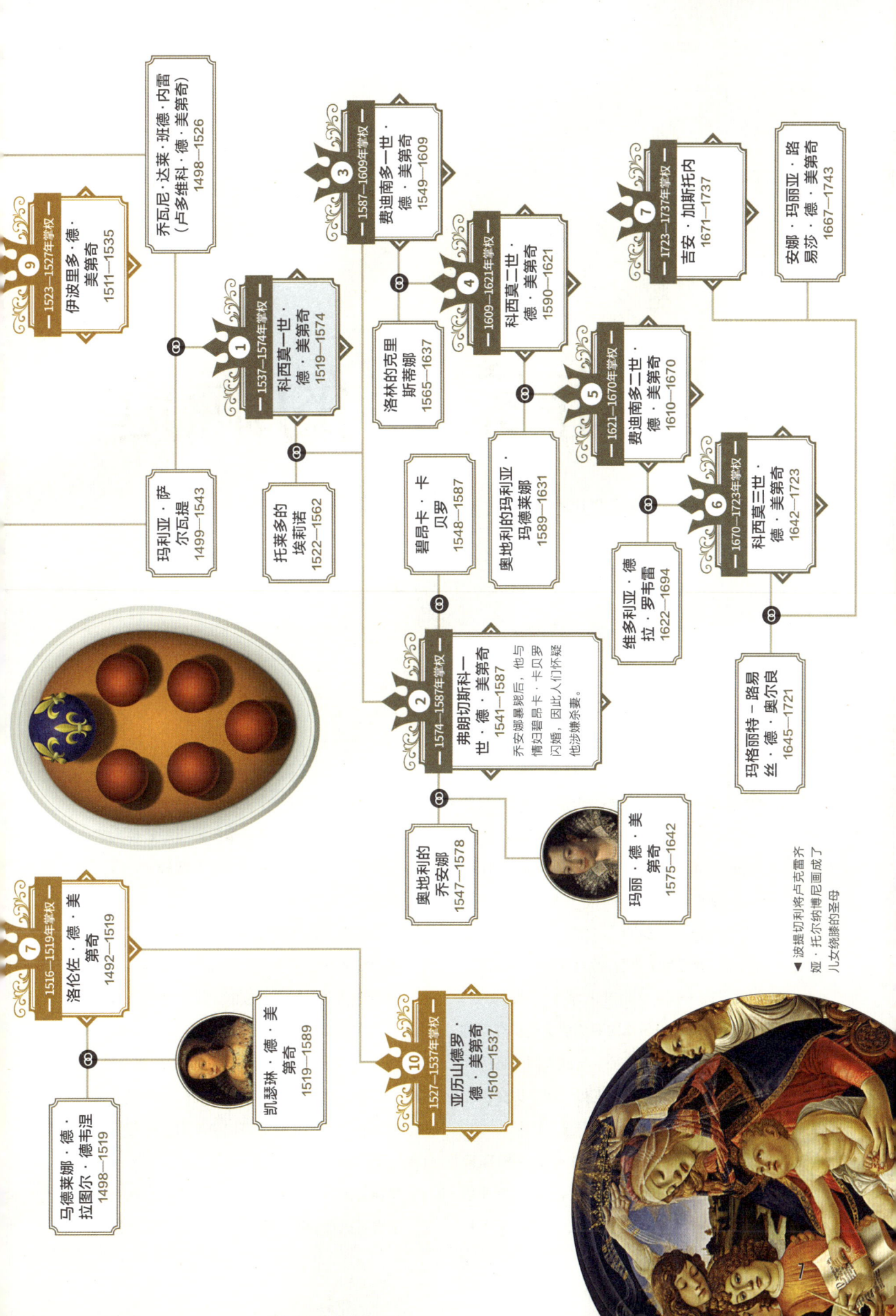

美第奇家族的崛起

一个殷实的家族何以富足到资助了一场文艺复兴

作者：爱德华多·阿尔伯特

对于彼时欧洲首富科西莫·德·美第奇来说，这里绝非他所习惯的栖身之所。这间逼仄的石头囚室美其名曰"小旅馆"（alberghettino），位于领主宫（Palazzo della Signoria，现称旧宫）阿诺尔福（Arnolfo）塔之上。这个仅有一扇小窗的"小旅馆"毫无舒适可言。自1433年9月7日至10月3日，科西莫已在此囚禁了近一个月。虽造化弄人、风云突变，但他却临危不乱。俯瞰着佛罗伦萨绵延的红瓦屋顶，他泰然自若，处变不惊。与此同时，他的代理人正在为他的早日获释而四处奔走，以免那些妄图置他于死地的政敌的阴谋得逞。

美第奇家族并非总是树敌无数。根据家族后人的讲述，美第奇家族的祖先是查理曼（Charlemagne）麾下的一名骑士，名叫阿韦拉多（Averardo）。在前往罗马途中，闻听佛罗伦萨北部穆杰罗境内有一个巨人正在掠夺当地农民的财物，行侠仗义的阿韦拉多不辱查理曼骑士之名，挺身而出，与巨人交起手来。鏖战中，巨人把阿韦拉多的盾牌砸出了五个深深的凹痕，但终究不敌骁勇善战的阿韦拉多。为表彰这次胜利，查理曼赐予阿韦拉多一面金质纹章，上缀五个红球，这最终成了美第奇家族的家徽。他们的后人对这一传说津津乐道。在意大利语中，"medici"（美第奇）一词是"medico"（医生）的复数形式，因此，对美第奇名称另一较为常见的解释是，美第奇家族的祖上最初悬壶济世，家徽上的五个红球象征着药丸或火罐。

美第奇家族在佛罗伦萨居住了多久虽难以确定，但毋庸置疑的是，1296年，阿尔丁格·德·美

科西莫·德·美第奇肖像

▲ 美第奇家族对佛罗伦萨的爱胜过一切，甚至超过对自己家族的爱

第奇当选为佛罗伦萨正义旗手（Gonfaloniere）①，由此可见美第奇家族在佛罗伦萨的地位已如日中天。中世纪的意大利城邦林立，群雄争霸，各自为政。在意大利半岛之上，既有由总督和贵族委员会联合治理的威尼斯共和国，也有由维斯康蒂家族（Visconti）牢牢掌控的米兰公国，还有其他处于敌对状态、各具特色的共和国，如锡耶纳（Siena）和热那亚，以及混乱不堪的教皇国。意

---

① 即佛罗伦萨共和国行政长官。

雇佣军

当时，意大利北部城邦面临的问题是，这些因商而富的城邦并没有充足的军事和人力资源来维持足够庞大的常备军，来应对从14世纪中叶到16世纪几乎持续不断困扰意大利的小规模冲突和战争。因此，各城邦会动用自己的财力雇人打仗。雇佣军团长会代表雇佣军与为之战斗的城邦进行谈判，签署雇用协议。协议中，雇佣军团长被称作签约者（condottiere），士兵被称为雇佣军（condotteri）。最早的一批雇佣军由外国人组织、指挥，其中最著名的将领当数英国人约翰·霍克伍德（John Hawkwood）爵士。他是这些"自由军团"指挥官中的佼佼者。到了14世纪末，意大利人开始自己组织和指挥雇佣军。

雇佣军为金钱而战，团长们往往刻苦钻研军事策略以降低战斗带来的风险。他们通常更倾向于避开殊死决战，而通过打消耗战、围而不打和小规模冲突来削弱敌方战斗力。作为职业军人，雇佣军之间发生的战斗往往不会让他们血洒疆场，尽管他们会像模像样地开战，让各自雇主相信残酷战斗正在进行之中。若敌方愿意支付更多金钱，雇佣军有时还会撤出战斗或临阵倒戈，使得他们自己臭名远扬。

▲ 正如这幅描绘弗朗切斯科·布索内（Francesco Bussone）军队的画作所示，雇佣军通常为重甲骑兵

大利半岛业已成为各种不同政体竞逐的试验场。这与意大利人相当高的识字率和数学水平密不可分。早在13世纪，就已有超过三分之一的意大利男性和不少女性能够读懂意大利语。意大利各城邦多重商，强调财富积累，意大利人的数学水

平也比其他地方的人略胜一筹。

佛罗伦萨人对其独特的共和国政体无比自豪。对于他们而言，这一政体保障了他们所珍视的自由。城邦由贸易行会代表统治。行会作为行业准则的制定者，保护着城邦贸易者的利益。佛罗伦萨拥有七大行会和十四个小行会。大行会中最负盛名的是律师行会、羊毛行会、丝绸行会和布匹行会。然而，随着银行家逐渐掌控巨额财富，银行家行会的地位变得日益显赫。小行会包含一些手工业行会，如制革商行会和石匠行会。佛罗伦萨四分之三的人口在政府中并无席位。

在佛罗伦萨，任何年满三十岁的行会成员都有资格参与政府管理。佛罗伦萨人制定了一套选举规则，将所有行会成员的名字放在八个皮袋中。这些皮袋藏在圣十字教堂（Basilica of Santa Croce）的圣器室里。选举仪式对所有公民公开，每两个月举行一次。仪式开始后，从八个候选人皮袋中抽签选出九个人。只要中签者身无债务、近期从未参选，也并非现任执政者亲属，就可入职佛罗伦萨共和国政府。

不过，那个年代佛罗伦萨政治家的任期远比现今政治家的任期短得多。抽签选中的九人被称作执政官，每人仅在位两个月，组成的政府称为执政团。选举结束后，当选者要立即离家，搬进领主宫走马上任。作为执政团成员，执政官享受薪资，以支付日常开销。用餐时，有身着绿色制服的仆从在旁服务，还有小丑在席间讲述故事、演唱歌谣。从政者任职期间的制服为貂皮衬里的深红色斗篷。从九名执政官中推选出一人作为正义旗手，荣膺城邦旗帜的守护者。

执政团对政务进行审议和决策时，选举产生的十二贤人团和十六旗手团会在旁予以辅佐。当共和国面临危机时，执政团会敲响领主宫钟楼上的大钟（因先有钟楼而后有领主宫，故钟楼位置不在正中）。佛罗伦萨将这口钟称为"奶牛"，因为它发出的声音低沉浑厚，不由得让人联想到奶牛的哞哞声。百姓听到钟声时，会聚集起来，然后从四面八方前往领主宫前的广场举行集会。为达到法定人数，佛罗伦萨三分之二的人口都需要出席集会。达到法定人数的集会通常会任命一个紧急委员会来应对危机状况。

早在1296年，美第奇家族成员就曾当选共和国正义旗手。这表明美第奇家族已经跻身佛罗伦萨的上流社会。1299—1314年，又有两位美第奇家族成员成为共和国正义旗手。但此后，美第奇家族在快速崛起之路上遭遇了极大阻碍。及至14世纪中叶，美第奇家族只剩下几座位于佛罗伦萨的宅邸和几处位于佛罗伦萨内陆的荒废地产。

1370年，萨尔韦斯特罗·德·美第奇当选为正义旗手，随后在1378年再度连任，但在其第二个任期，萨尔韦斯特罗无法挽回地卷入了佛罗伦萨史上最糟糕的动乱之中。当时，社会底层的羊毛加工工人为抗议薪酬过低，洗劫了中饱私囊的商人行会的住宅，要求拥有自己的行会和市政代表。执政团同意羊毛工人成立自己的行会，引起了其他工人的嫉妒，同时也招致城市精英们的反对。在此动荡时期担任正义旗手的萨尔韦斯特罗却对羊毛工人的政治诉求表示同情，结果，他和美第奇家族引起了佛罗伦萨商业精英们的猜忌。

消除这种猜忌耗费了科西莫的父亲乔凡尼·迪·比奇·德·美第奇大量的时间和精力。为小人物撑腰固然能赢得贫民阶层的力挺，但乔凡尼非常清楚不能招致达官显贵们的猜忌。乔凡尼的父亲把财产分给了六个继承人，乔凡尼必须努力重振家族财富，断然不会因卷入城邦政治旋涡而使一切努力付诸东流。乔凡尼住在主教座堂

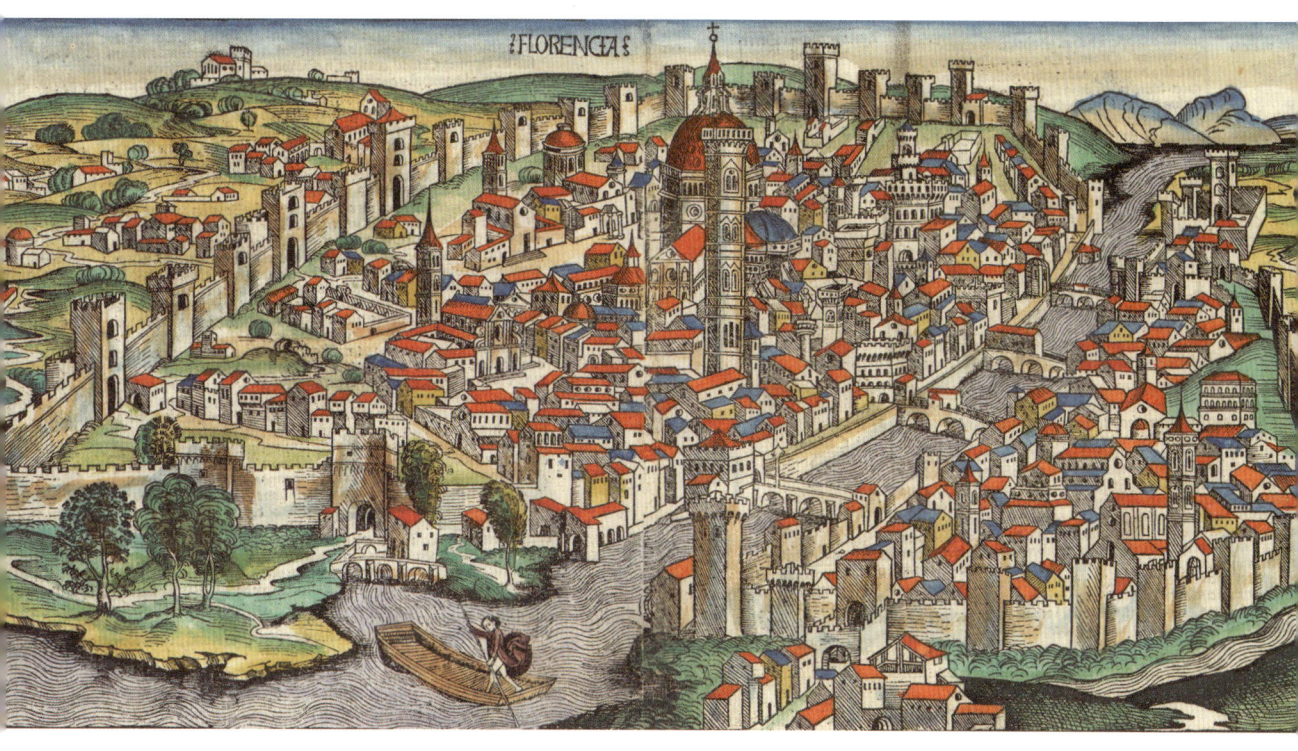

▲ 1493年佛罗伦萨小景，木版画

广场的一个外表相对朴素的宅子里。正是他培育了美第奇家族不炫耀财富的良好门风。

尽管乔凡尼对从政并无热情，但他深知作为商人若想发达，就必须参与城邦治理。因此，1402年、1408年和1411年，他先后出任执政官，1421年当选共和国正义旗手。然而，即便在执政团任职期间，他也处处小心谨慎，避免招致阿尔比齐家族（Albizzi）的不满。这个家族的里纳尔多·德利·阿尔比齐使佛罗伦萨共和国权倾四海。在该家族带领下，佛罗伦萨大力开疆拓土，把阿雷佐（Arezzo）、价值连城的比萨（Pisa）及其港口，以及拥有优良港口的沿海城镇里窝那（Livorno）悉数收入囊中。对于一个商业城邦尤其是一个以进口英国和低地国家的羊毛和布料为财富基础的城邦来讲，一下子坐拥两个港口不啻飞来横财。

然而，佛罗伦萨的扩张自有其代价。阿尔比齐家族对民众造反大肆镇压，对敌对家族成员施以流放、剥夺财产之刑甚至处以极刑。为此，乔凡尼努力保持低调，刻意回避公众目光，默默积累财富。时至15世纪20年代，美第奇家族在整个欧洲经营着最赚钱的生意。不过，美第奇家族的财富不仅基于金钱积累，也与一段看似不可能发生的友情密不可分。

乔凡尼是佛罗伦萨羊毛行会和货币兑换行会的成员。货币兑换行会最终发展成为银行。1252年，货币兑换行会发行了一种名为弗罗林（florin）的金币，从而催生出了银行家。弗罗林金币成了欧洲贸易的流通货币。到1422年，已经有两百万枚弗罗林在欧洲流通。在弗罗林带

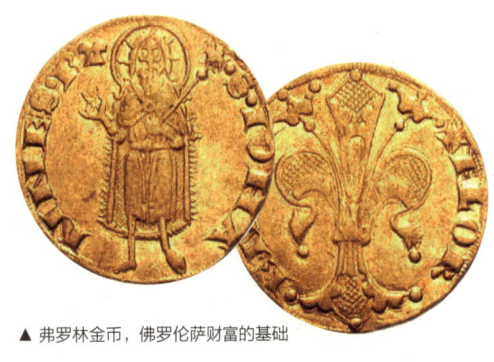

▲ 弗罗林金币，佛罗伦萨财富的基础

来的财富大潮中，乔凡尼从佛罗伦萨众多银行家（当时仅在老市场附近就有七十二人之多）中脱颖而出。使其木秀于林的正是他与巴尔达萨雷·科萨（Baldassare Cossa）之间的交情。

出身于那不勒斯名门望族的科萨酷爱冒险，在担任神职之前还做过海盗。当时正值天主教会大分裂，居然有两个人同时声称自己是教皇，一位驻在阿维尼翁（Avignon），另一位驻在罗马，一时间教会权威低迷。为弥合教会分裂，1409年，在比萨召开了一次会议，废黜两位现任教皇，选举亚历山大（Alexander）五世为新教皇。遗憾的是，之前势不两立的两位教皇都拒绝卸任，结果竟然出现了三位教皇并存的局面。之后，亚历山大五世辞世，科萨继任为新教皇，史称约翰二十三世。

科萨早已尝过美第奇家族的甜头。传言美第奇家族曾给他一万杜卡特（ducat）金币①，他用这笔钱买到了红衣主教的头衔。担任博洛尼亚（Bologna）的红衣主教时，科萨就与乔凡尼过从甚密。如今摇身一变成为教皇的科萨让美第奇家族为教皇理财，从而给这一家族带来了巨额利润。然而，1414年召开的康士坦斯大公会议废除了三位对立教皇，拥立一位正统教皇，结果教

① 意大利威尼斯铸造的金币，1284—1840年发行。

皇约翰二十三世被废黜，并被指控犯有各种不同寻常的罪行。他们的发财梦由此惊醒。

然而，这些指控更多地是在虚张声势，震慑一下而已。欧洲权力掮客们旨在通过这些法律措辞来告诫科萨："赶快走人，别大惊小怪。"科萨身陷囹圄三年后，美第奇家族为其支付了总计三十八万五千枚莱茵古尔登金币（Rhenish gulden）的赎金，使其得以在佛罗伦萨苟延了他生命中最后的数月时光。

康士坦斯大公会议接受一位教皇辞职，废黜另外两位教皇。天主教会的大分裂终于告一段落。会议选出的新教皇是来自古老罗马家族的奥托·科隆纳（Otto Colonna），史称马丁五世。在从康士坦斯返回罗马的途中，马丁五世在佛罗伦萨驻留了两年之久。教皇实际上居住在佛罗伦萨，乔凡尼试图与马丁五世建立与前任教皇同样的亲密关系。但是，因美第奇家族清偿了科萨债务，还委托多纳泰罗（Donatello）和米开罗佐（Michelozzo）设计刻有"前教皇约翰二十三世"铭文的墓碑，令马丁五世气不打一处来。他挑中了美第奇家族的老对手斯皮尼（Spini）家族作为其私人银行家。然而，当斯皮尼家族的银行业务崩盘后，马丁五世别无选择，只能转向美第奇家族，因为他们就近在罗马有一家分行。

乔凡尼与科萨交往的关键人物之一是他的儿子科西莫。科西莫与科萨一起前去参加至少对科萨来说倒霉的康士坦斯大公会议，然后到访了美第奇银行在德意志、法兰西和佛兰德斯的分行。和科萨离开时，科西莫二十五岁，已经与巴尔迪家族富有的孔泰西纳结为伉俪。事实证明，她是一个善解人意的妻子，在科西莫打理生意的时候，她很乐意操持家务；在丈夫长时间离家外出之时，她也不会因丈夫偶尔的不忠行为而感到忧心忡忡。教皇马丁最终抵达罗马后，科西莫在

▲ 科西莫善解人意的妻子孔泰西纳·德·巴尔迪的肖像画

罗马生活了三年,其间,生下了一个儿子,名叫卡罗。卡罗与科西莫和孔泰西纳所生的孩子一起长大。

截至1420年,乔凡尼基本上退出了家族企业的日常经营,将其托付给了儿子科西莫和洛伦佐。作为长子,科西莫成为家族及其商业、政治和艺术利益的代表。他接受过良好教育,彻底吸纳了全新的人文主义理想及对古典思想和学问的关注,从而为文艺复兴奠定了基础。

正是这种对人文主义的探求和对家族企业巨大财富的追求,使得科西莫发现自己与阿尔比齐家族及其族长里纳尔多背道而驰。里纳尔多致力于提升共和国的势力。他曾对卢卡(Lucca)发动过战争,但因卢卡获得米兰公国和弗朗切斯科·斯福尔扎(Francesco Sforza)指挥的强大雇佣军的支持,他铩羽而归。然而,深谋远虑的里纳尔多早已请科西莫加入了旨在平息战事的"十人战争委员会"。所以佛罗伦萨军队败北之时,美第奇家族也牵涉其中。科西莫本来就没有全心全意地支持这场战争,于是便退出了战争委员会,动身前往意大利北部的维罗纳(Verona)。

这是里纳尔多期盼已久的机会。趁着科西莫不在,他开始散布有关美第奇家族心怀不轨的谣言,暗示科西莫去维罗纳旨在雇用军队来推翻共和国。然而,美第奇家族与佛

里纳尔多似乎并不打算善罢甘休,不战而退。

▲ 科西莫·德·美第奇策马前往流放地帕多瓦，这次流放时间并不算长

罗伦萨的许多名门望族都是盟友,这让里纳尔多没法组成反美第奇家族的联盟。佛罗伦萨的资深政治家尼科洛·达·乌扎诺(Niccolò da Uzzano)尤其坚决反对阿尔比奇家族采取任何过激行动。

然而,1432年尼科洛去世后,科西莫的处境开始恶化。阿尔比奇家族加大了对美第奇家族的诋毁攻势,扬言科西莫通过对修会捐赠和出资修建宗教建筑来换取影响力。这些建筑物上都刻有美第奇家族的家徽,"甚至连神职人员的厕所里都点缀有美第奇家族家徽的球形标志!"

面对这样的攻击潮,美德加身的科西莫唯独缺少那种直面的勇气,悻悻地隐居到了乡下庄园。在他缺席的情况下,里纳尔多确保新的执政团里都是自己的拥趸,甚至还替贝尔纳多·瓜达尼(Bernardo Guadagni)偿还了债务,以便他能担任共和国正义旗手。随后,贝尔纳多·瓜达尼将科西莫召回佛罗伦萨,称有重要决策需要他出席。

然而,应召返回出席执政团会议的科西莫却被带到楼上,锁进领主宫钟楼的牢房里。在被捕两天后的1433年9月9日,科西莫听到了钟声,召唤佛罗伦萨人前来开会,但里纳尔多雇人没让美第奇家族的支持者进入广场。与会者并不多,里纳尔多拼凑了一个由两百人组成的特别委员会来决定此时正在囚室里俯视广场的这个囚犯的命运。

可是,特别委员会拒绝批准里纳尔多希望对科西莫执行的死刑判决。此时,群情激愤,消息不胫而走。许多美第奇银行的客户纷纷派遣说客前来为他求情。老辣的里纳尔多通过刑讯逼供,从两名美第奇家族支持者那里拿到了口供:科西莫密谋与外国势力联手发动政变。然而,没有人相信这个说法。

与此同时,科西莫和美第奇家族一直在努力用钱摆平一切。里纳尔多通过帮助还清债务一度收买了共和国正义旗手贝尔纳多·瓜达尼。这次,里纳尔多只出了区区几千枚弗罗林金币,试图再次行贿。贝尔纳多·瓜达尼以生病为由辞去正义旗手一职,为美第奇家族早已买通的马里奥托·巴尔多维涅蒂(Mariotto Baldovinetti)腾出了位置。

最终,眼见无法像预谋的那样处决科西莫,里纳尔多只好听天由命。9月28日,科西莫被带到执政团面前。执政团随后

▲ 壮美的佛罗伦萨圣母百花大教堂，穹顶由布鲁内莱斯基设计

判处科西莫流放帕多瓦十年；科西莫表弟阿韦拉多流放那不勒斯十年，弟弟洛伦佐流放威尼斯五年。科西莫在夜间被送至共和国边境，随后继续前往帕多瓦。他从帕多瓦转道威尼斯，与洛伦佐会合。

在佛罗伦萨，美第奇家族的支持者们正在密谋对抗阿尔比齐家族，但科西莫并未参与其中，而是静观因米兰一役失去民心的里纳尔多及其党羽正日渐式微。1434年，佛罗伦萨军队最终被米兰雇佣军击溃。在随后的选举中，美第奇家族的支持者当选为执政官。阿尔比齐家族的处境变得岌岌可危，但里纳尔多似乎并不打算善罢甘休，不战而退。

新任教皇尤金（Eugene）四世此时也来到了佛罗伦萨。他因罗马动乱而无奈出逃。在阿尔比齐和美第奇两大家族支持者的对峙中，教皇自愿承担起调解人的角色。逐渐失去民心的里纳尔多终于接受了教皇的建议，自愿退出，寄希望于教皇能够兑现承诺，保护阿尔比齐家族免遭强势回归的美第奇家族的报复。

1434年10月初，科西莫和弟弟洛伦佐带着一名仆人和一名执权杖者（mace-bearer）①重返佛罗伦萨。为避免引发民众骚乱，他们选择了日落之后进城。在对教皇的帮助表达感激之情后，科西莫翌日出现在巴尔迪宫，佛罗伦萨民众欢呼雀跃。他们一直期盼着美第奇家族重返佛罗伦萨的这一天。里纳尔多和阿尔比齐家族及其同党与亲属被判流放，佛罗伦萨再度成为科西莫的天下。在这里，他可以纵横驰骋，大展宏图。

---

① 指在典礼、庆典或官方活动等正式场合负责携带和展示象征权威的权杖的人。

▲ 建筑师布鲁内莱斯基雕像。他正抬头望着自己设计的圣母百花大教堂穹顶

从手写体到印刷体
科西莫与罗马字体的诞生

科西莫·德·美第奇与许多杰出学者交好，其中包括波吉奥·布拉乔利尼（Poggio Bracciolini）。波吉奥出生于佛罗伦萨附近一个贫穷的药剂师家庭。他设法凑足了经费去上佛罗伦萨大学，并因卓尔不群而备受关注。作为精通拉丁语和希腊语的大师，他进入了教会，作为教皇秘书，在漫长的一生中曾为七位教皇效力。

波吉奥周游四方，在各处修道院的图书馆中搜寻古代著作。他在旅途中收获颇丰，发现了卢克莱修（Lucretius）的《物性论》传世孤本。倘若波吉奥无法从原主人手中购到手稿，他便会用清晰易读的手写体抄写手稿。科西莫非常欣赏波吉奥的手写体，要求将自己的所有图书都以这种字体抄录。后来这种字体成为意大利第一批印刷商使用的罗马字体的基础。

▲ 波吉奥手稿。他的手写体成为罗马字体的基础

佛罗伦萨与美第奇家族

美第奇家族统治佛罗伦萨达三百余年之久，这座城市的命运折射出美第奇家族的兴衰沉浮

作者：伊丽莎白·诺顿

15世纪至18世纪初，美第奇家族几乎就是佛罗伦萨的代名词。这个呼风唤雨的家族在这座城市中励精图治，百般彰显了家族荣光。

佛罗伦萨位于意大利北部的阿尔诺河畔，距离罗马约170英里[①]。早在美第奇家族统治之前，这就是一座欣欣向荣的城市。虽然这座被城墙围绕的城市在古代只是一处小小的定居点，但其历史却打上了古罗马的烙印。在西罗马帝国崩溃后，该城人口急剧下降，至今城内罗马式建筑所剩无几。

然而，中世纪早期，佛罗伦萨的地位渐趋重要。11世纪中叶，托斯卡纳边境伯爵[②]将其统治重心迁至佛罗伦萨。在此之前，佛罗伦萨城已建起一些修道院，很快就成了经济、宗教中心。中世纪，佛罗伦萨的景观主要以木构建筑为主。但到了12世纪初，

---

① 1英里约为1.6093千米。
② 源于中世纪欧洲，特指封建时代边境地区的统治者或行政长官。

16世纪早期的佛罗伦萨。此时，美第奇家族重掌大权

▲ 佛罗伦萨阿尔诺（Arno）河上的维琪奥老桥（Ponte Vecchio）。佛罗伦萨的桥梁大多毁于1333年的水灾。大洪水后，维琪奥老桥用石头重建，桥两端的店铺鳞次栉比

贵族修建的防御性石塔开始成为城市的标志景观。这些贵族多从事商业贸易，十分富有，成为佛罗伦萨的统治阶层。

中世纪的佛罗伦萨政治格局动荡不安。亲教皇的圭尔夫派（Guelph）和支持神圣罗马帝国皇帝的吉贝林派（Ghibelline）经常争斗不休。后来，圭尔夫派占了上风，佛罗伦萨随之迅速崛起。除经济富庶外，佛罗伦萨还以其灿烂文化闻名于世。其最杰出的子民之一、著名诗人但丁·阿利吉耶里（Dante Alighieri）就出生在这里。在但丁时代，佛罗伦萨约有四万五千名常住人口，堪称当时的大都市了。

佛罗伦萨的扩张与繁荣和贸易活动息息相关。佛罗伦萨的主要出口产品是羊毛织物和其他奢侈品。中世纪后期，随着意大利和北欧的贸易网络扩展，富商通过开设银行业务进一步积累财富。从13世纪末起，教皇的银行业务大多在佛罗伦萨打理，货币借贷和兑换成为极其有利可图的业务。

1397年，乔凡尼·迪·比奇·德·美第奇

所有市民都积极参与教区生活。

在佛罗伦萨创办了美第奇银行，并迅速在当地崭露头角，成为银行界的翘楚。彼时的佛罗伦萨城墙环绕，气象万千，进城需要经过坚固的防御城门。城内建筑密密麻麻地拥挤在一起。木质房屋的顶层悬垂在街道之上，使得街道看起来如隧道般幽深阴暗。

乔凡尼对佛罗伦萨上层精英们的豪宅并不陌生。它们往往装饰有家族纹章，内墙上绘有色彩鲜艳的壁画。较为拥挤的是穷人的细高房屋，装饰相对简单，只有涂白的墙壁和石头地板，如果家庭添丁，就会往上添加新的楼层。底层通常用作门市，后面设有库房，家人住在楼上。

乔凡尼时代的佛罗伦萨生活多元包容，丰富多彩，各行各业繁荣发展。尽管1333年的大洪水和1348年的黑死病曾导致人口骤减，但到15

世纪初，这座城市又重新焕发出活力。

佛罗伦萨富甲一方，有能力在城内修建宏伟的宗教建筑，以彰显其对宗教的虔诚。其中最著名的是哥特式圣母百花大教堂，又称圣母大教堂。该教堂始建于1296年，约一百四十年之后才竣工。旁边的八角洗礼堂是城市中最古老的建筑之一，历史可追溯至11世纪。14世纪由乔托·迪·邦多内（Giotto di Bondone）建造的乔托钟楼也同样令人印象深刻。这三座建筑对于该市的宗教意义不可小觑，也是任何游客都不会错过的城市地标。不过，在乔凡尼时代，城市中还有许多其他华丽宗教建筑值得一提。

在中世纪和近代早期的佛罗伦萨，隐修制度①影响巨大。方济各会修建了宏伟的圣十字教堂；多明我会修建了新圣母玛利亚教堂；加尔默

---

① 古代公教会和天主教、东正教中，以避世苦修为宗旨，从独处隐居发展为集体隐修的一种主张和制度。

▲ 弗拉·安吉利科（Fra Angelico）为圣马可修道院创作的壁画《天使报喜》。这位艺术家受到了科西莫·德·美第奇的庇护

▲ 布鲁内莱斯基设计的穹顶是那个时代最伟大的工程成就,迄今仍主宰着佛罗伦萨的天际线

不可思议的布鲁内莱斯基穹顶

美第奇家族统治时期的佛罗伦萨地标是圣母百花大教堂。人们曾经认为这座教堂的标志性穹顶是不可能完成的工程

自1294年起,佛罗伦萨开始兴建主教座堂(即圣母百花大教堂)。这座教堂历时约一百四十年方才竣工。教堂的设计构思之一是要修建一个直径为138英尺[①]的巨大穹顶。然而,虽然教堂的其他部分已于1418年竣工,但人们对于高耸空中的穹顶能否建成仍心存疑虑。穹顶极其庞大,在佛罗伦萨本地竟无法找到足够的木材来搭建修建穹顶所需的脚手架。

可是,在美第奇家族的支持下,布鲁内莱斯基获得了建造穹顶的委托。令佛罗伦萨政府感到担忧的是,这位建筑师不肯透露他打算如何在没有搭建脚手架的情况下建造穹顶。一则广为流传的故事称,布鲁内莱斯基手持一枚鸡蛋,宣称任何人只要使其立起来,就能建造穹顶。然而,当众人都觉得不可能做到时,他却敲碎了鸡蛋底部,使其竖立起来。当周围的人抱怨早知如此自己也能成功时,这位建筑师说,若是能早了解我的建筑构思,你们也能建造穹顶。

在不到二十年的时间里,布鲁内莱斯基使用轻质砖块(而非石料)完成了不可思议的建筑壮举,为主教座堂增添了绝世穹顶。1436年3月25日,在教皇和赞助人美第奇家族代表的见证下,主教座堂终于举行了祝圣仪式。

---

① 1英尺约为0.3048米。

▲ 这幅《慈悲圣母》壁画局部描绘的是14世纪中叶的佛罗伦萨，可以看到洗礼堂和未竣工的圣母百花大教堂

罗会（Carmelites）修建了圣玛利亚·德尔·卡尔米内教堂；圣母忠仆会修建了圣母领报大殿。所有市民都积极参与教区生活：穷苦人会出钱为教堂添置蜡烛；富人会出资用自己的家族纹章装饰教堂，或捐款在教堂为祖先立碑。美第奇家族也不例外，乔凡尼和儿子科西莫慷慨资助家族所属教区圣洛伦佐教堂的重建，并最终长眠于此。1402年，乔凡尼还资助修建了佛罗伦萨洗礼堂的青铜北门。该门由洛伦佐·吉贝尔蒂（Lorenzo Ghiberti）设计制作，至今保存完好。

位于圣母百花大教堂附近的领主广场是该市行政中心，领主宫（也称维琪奥宫、旧宫）是当时的市政厅。领主宫于14世纪建成，建筑材料是本地出产的棕色石材，建筑风格近似堡垒，拥有城墙和可俯瞰乡村的高塔。领主广场是城市的贸易集市所在地，同时也是市民进行投票的集会场所。

科西莫在巴尔迪街的巴尔迪宫居住。这处宅邸是他妻子陪嫁的一部分。乔凡尼去世后，科西莫决定建造一座更为宏伟的宫殿。该宫殿靠近他所属的圣洛伦佐教区教堂。起初，他找到建筑大师布鲁内莱斯基来进行设计。

▲ 1695年左右的佛罗伦萨城景。当时这座城市的天际线仍然为圣母百花大教堂所主宰

不过，看到布鲁内莱斯基的设计图纸和木质建筑模型时，为人谨慎的科西莫觉得设计理念过于张扬和炫耀。他担心建筑成本过高，会引起更加古老、更具声望的家族的妒忌。布鲁内莱斯基一气之下亲手毁掉了自己的建筑模型。后来，佛罗伦萨的米开罗佐接手了这座宫殿的设计和建造工作。

科西莫在佛罗伦萨政坛颇具影响力，尽管他

时间线：美第奇家族统治下的佛罗伦萨

美第奇家族在佛罗伦萨的统治持续了跌宕起伏的三百余年，将这座城市从中世纪带入了文艺复兴的鼎盛时期

正义旗手
1421 年

1421 年，乔凡尼被任命为九位共和国正义旗手之一，开始参与佛罗伦萨的统治。正义旗手是城市政府中的一员。

费拉拉 - 佛罗伦萨大公会议
1439 年

科西莫说服教皇将费拉拉大公会议迁至佛罗伦萨举行。该会议主要讨论天主教会与希腊东正教会合一问题，但功败垂成。

皮蒂宫
1457 年

1457 年，富有的银行家卢卡·皮蒂开始建造皮蒂宫。这座宫殿规模宏大。16 世纪，美第奇家族将它买下并进行了扩建。

"虚荣之火"事件
1497 年

1494 年，美第奇家族被迫离开佛罗伦萨，让位给神权政府领导人吉洛拉谟·萨伏纳洛拉。1497 年 2 月 7 日，萨沃纳洛拉下令焚烧艺术品、书籍和所有被贴上"邪恶"标签的物品。

美第奇银行成立
1397 年

早在乔凡尼在佛罗伦萨开设银行之前，佛罗伦萨就已经是欧洲重要的金融中心。美第奇家族银行分行很快遍布欧洲各地。

圣母百花大教堂祝圣仪式
1436 年

这座宏伟教堂在 5 世纪老教堂的遗址上破土动工，耗费了约一百四十年才最终建成，1436 年，教皇出席祝圣仪式。

天堂之门竣工
1452 年

洛伦佐·吉贝尔蒂在修建了洗礼堂青铜北门后，受命建造东门。这扇门于 1452 年竣工，十分精美，米开朗琪罗称其为"天堂之门"。

帕齐阴谋
1478 年

美第奇家族在佛罗伦萨和其他地方树敌不少。1478 年 4 月 26 日，"豪华者"洛伦佐在圣母百花大教堂做弥撒时死里逃生，其弟朱利亚诺遇刺身亡。

美第奇家族回归
1512 年

在流亡近二十年后的 1512 年，美第奇家族最终重返佛罗伦萨。红衣主教乔凡尼·德·美第奇策划了这次回归，率领一支军队进入城内。

▲ 今天的乌菲齐美术馆曾经是由科西莫一世委托建造的佛罗伦萨行政管理中心

烟花绽放、礼炮齐鸣，人群蜂拥而至，列队欢迎教皇驾到。

利奥十世驾临佛罗伦萨
1515 年

1515 年，身为教皇利奥十世的乔凡尼·德·美第奇驾临佛罗伦萨，所到之处受到热烈欢迎。人们组织了盛大游行、烟花表演和其他庆祝活动。

美第奇家族逃离佛罗伦萨
1527 年

罗马被神圣罗马帝国皇帝的军队洗劫的消息传至佛罗伦萨后，美第奇家族成员逃离了这座城市，其家族成员教皇克雷芒七世被神圣罗马帝国皇帝囚禁。

亚历山德罗遇刺身亡
1537 年

亚历山德罗因暴政统治而备受民众憎恶。1537 年 1 月 6 日，他被堂兄罗朗札齐奥（Lorenzaccio）谋杀。罗朗札齐奥后来也被谋杀，远亲科西莫一世继任了佛罗伦萨公爵之位。

瓦萨里走廊
1564 年

科西莫一世修建了被称为瓦萨里（Vasari）走廊的有顶走廊。这条走廊从领主宫穿过乌菲齐宫，经过维琪奥老桥，一路延伸到皮蒂宫。

毁灭性瘟疫
1630—1633 年

1630—1633 年，佛罗伦萨暴发了一场毁灭性瘟疫。民众采取了种种措施来阻止疫情的传播，比如在户外举行弥撒。然而，仍有七千人在这场瘟疫中死于非命。

吉安·加斯托内去世
1737 年

1723—1737 年，吉安·加斯托内·德·美第奇担任托斯卡纳大公。他的婚姻并不幸福，没有子嗣。在他去世之后，美第奇家族在佛罗伦萨的统治永久落幕。

朱利奥·德·美第奇成为佛罗伦萨大主教
1513 年

15 世纪末，美第奇家族节节攀升，掌控了教会最高权力。1513 年，朱利奥·德·美第奇成为佛罗伦萨大主教，并最终成为教皇克雷芒七世。

佛罗伦萨之围
1529—1530 年

佛罗伦萨市民并不渴望美第奇家族回归故里。然而，在将近一年的围城后，他们向神圣罗马帝国皇帝臣服。随后，神圣罗马帝国皇帝让美第奇家族重掌政权。

佛罗伦萨公爵
1531 年

1531 年，亚历山德罗·德·美第奇成为佛罗伦萨的第一位公爵，家族由此晋升为王族。人们称其为"摩尔人"。据说他可能是非洲裔女仆之子。

乌菲齐宫
1560 年

1560 年，乌菲齐宫开始兴建。科西莫一世希望将其作为佛罗伦萨地方法官和其他官员的办公场所。意大利语"乌菲齐"是"办公室"之意。

托斯卡纳大公
1569 年

教皇授予科西莫一世托斯卡纳大公头衔，使其政治抱负终于实现：科西莫一世成为托斯卡纳大区的主宰，也是意大利的主要统治者。

▲ 菲利普·利皮创作的《圣杰罗姆的葬礼》。美第奇家族是这位著名画家的资助人

努力让自己看上去仅仅是一位富有的银行家。为保护自己，他避免高调炫富。在设计和建造美第奇宫时，他战战兢兢，如履薄冰。美第奇宫建筑规模并不算大，但仍然令人印象深刻。穿过庄严的大门，进入建筑内部，只见建筑底层采用了当时流行的粗糙石材，未设窗户，而建筑上层则开有宏伟的拱形窗户，可以俯瞰下方的广场。

在科西莫时代，这座城市最重要的地标圣母百花大教堂正式竣工。修建大教堂直径138英尺的穹顶时困难重重，导致教堂一直未能完工。幸好，布鲁内莱斯基解决了这个问题。他所设计的穹顶至今还是佛罗伦萨的标志。1436年，大教堂举行了一场盛大的祝圣仪式，由教皇亲自主持。

作为佛罗伦萨政府的掌权人物，科西莫将自己的家乡打造成欧洲最具文化氛围的城市。美第奇家族成员多纳泰罗为美第奇宫的庭院创作了青铜雕像《大卫》、为洗礼堂创作了约翰二十三世教皇的青铜雕像及其他美轮美奂的艺术作品。15世纪30年代，菲利普·利皮（Filippo Lippi）也在美第奇宫的工作室进行创作。从15世纪40年代起，弗拉·安吉利科得到美第奇家族赞助，为圣多梅尼科修道院和圣马可修道院绘制了著名的壁画，壁画现在依旧保存完好，熠熠生辉。科西莫本人请弗拉·安吉利科为他在圣马可修道院的祈祷室创作了一幅《三博士朝圣》。15世纪下半叶，世界上最伟大的艺术大师云集佛罗伦萨，可谓群星璀璨。

虽然科西莫始终为人低调，但他实际上是佛罗伦萨的无冕之王。在持续数世纪的家族纷争之后，他的统治为这座城市带来了和平稳定。在平稳的政治环境下，许多富有的家族开始投身于建筑热潮，为城市增添了鳞次栉比的宫殿。

为建造这些宫殿，佛罗伦萨的富裕阶层有时会让整个街区的居民迁出，如美第奇宫的建造就拆除了二十栋房屋。在建造这些豪华建筑的过程中，人们还会举行诸多仪式，如请占星术士挑选开工吉时，在奠基典礼上往奠基石上贴家族纹章以资纪念。

在佛罗伦萨，热衷大兴土木的远非美第奇家族。1489年，菲利波·斯特罗齐（Filippo Strozzi）开始建造斯特罗齐宫。建筑工地脏乱嘈杂，对面的店主卢卡·兰杜奇（Luca Landucci）抱怨道："周围的街道上堆满了石头和垃圾，再加上运送废料砂石的毛驴和骡子，行人根本没法通行。"围观施工进展的人群也会堵塞街道，影响邻近商铺的生意。当时，富人的建筑物都由石头建造。佛罗伦萨第一座砖砌建筑格里福尼（Grifoni）宫直到16世纪中叶才建成。

15世纪末的建筑热潮让城市的面貌焕然一新，数百座豪华宫殿取代了原有的住宅。在阿尔诺河南岸，新建筑也开始拔地而起。雄心勃勃的卢卡·皮蒂于15世纪末建造了宏伟的皮蒂宫。他拆掉了原有的小屋，新建的皮蒂宫高达40英尺。这座宫殿后来归美第奇家族所有，在随后的一百年内又得到了进一步的扩建。

在科西莫之子皮耶罗和孙子洛伦佐（因其奢华而被封为"豪华者"）的统治下，这波建筑热潮依然方兴未艾。同祖父一样，洛伦佐也是卓越的艺术赞助人，当时就连米开朗琪罗也曾在美第奇宫里进行过艺术创作。到1472年，美第奇家族治下的佛罗伦萨已有七万人口，一百九十座教堂和五十个广场。此外，城内还有三十三家银行及无数出售毛料等的精品店。城内工匠众多，金匠、银匠、雕塑家和石工等不一而足。

虽然洛伦佐以奢华的生活方式闻名，但他其实一直饱受财务困扰，美第奇银行也因财务问题而破产。其子皮耶罗同样经历过人生困境，其统治被支持神权政体的传道士吉洛拉谟·萨伏纳洛拉（Girolamo Savonarola）推翻，遭到流放。这名激进的传教士烧毁了佛罗伦萨大量艺术珍品，自己也于1498年葬身火海。

1512年，经历了数年动荡后，美第奇家族重掌佛罗伦萨。1513年，"豪华者"洛伦佐的三子朱利亚诺成为统治者。朱利亚诺得以大权在握，在很大程度上要归功于其兄红衣主教乔凡尼·美第奇的政治才能。正是乔凡尼率领一千五百名军士进入了佛罗伦萨。1513年，乔凡尼当选为教皇，即教皇利奥十世，这是美第奇

▲ 吉洛拉谟·萨伏纳洛拉虽曾一度中断了美第奇家族在佛罗伦萨的统治，但他的神权统治试验以失败告终

▲ 斯特罗齐宫是15世纪末在佛罗伦萨兴建的一百多座新宫殿之一

科西莫一世及其后代也是艺术和科学的赞助者。

家族权力的巅峰时刻。1515年,当教皇利奥十世衣锦还乡时,烟花绽放、礼炮齐鸣,人群蜂拥而至,列队欢迎教皇驾到。为此,人们还竖起凯旋门和方尖碑,以示对教皇的敬意。佛罗伦萨进行了大规模改造,整个城市光彩夺目。为开阔视野,不少建筑被拆除,以便民众能更好地观赏盛大庆典。

尽管乔凡尼当选教皇对美第奇家族和佛罗伦萨城而言实属可喜可贺,但依然有民众对美第奇家族重掌大权心怀不满。1527年,神圣罗马帝国皇帝查理五世的军队洗劫了罗马,将第二位美第奇教皇克雷芒七世软禁起来。这个消息传到佛罗伦萨时,钟声齐鸣,篝火熊熊,人群高喊起反美第奇家族的口号。教皇克雷芒七世的雕像从圣母领报大殿的门口被丢出,人们将其踩得粉碎。美第奇家族逃离了这座城市,再次失去了对佛罗伦萨的控制。当教皇与皇帝达成妥协时,才同意美第奇家族重返佛罗伦萨。他们认识到,因为共和制政府更受佛罗伦萨民众欢迎,所以回归必须通过武力来加以实现。

直面黑云压城,佛罗伦萨民众惶恐不安,迅速加固城防,纷纷加入民兵部队。1529年秋,神圣罗马帝国军队驻扎在佛罗伦萨城下,大军压境,企图将美第奇家族重新带回权力中心,但佛罗伦萨毫不屈服,坚守了近一年的时间。然而长期围城导致饿殍遍野,市场上甚至开始出售老鼠肉。1530年,瘟疫肆虐,守城者士气更加低落。当时有人写道:"如今,人们无所适从,不知该说什么、做什么,也不知往何处去。有人尝试逃离,有人试图躲藏,有人打算在领主宫或教

▲ 由洛伦佐·吉贝尔蒂建造的佛罗伦萨洗礼堂的青铜东门

▲ 享有国际声誉的诗人但丁·阿利吉耶里是中世纪佛罗伦萨最著名的子民

堂中寻求庇护。但大多数人只能听之任之，默默等待。"回天乏力之际，城内政局变得岌岌可危，饥民纷纷要求美第奇家族回归，结束这种食不果腹的日子。1530年8月，佛罗伦萨最终被迫投降，允许美第奇家族再度执政。

1529—1530年围城期间，佛罗伦萨及周边地区遭受了重创。亚历山德罗·德·美第奇成为佛罗伦萨公爵。他高筑巴索城堡（Fortezza da Basso），以防自己的臣民犯上作乱。很多民众对这名新公爵的暴政和压迫表示不满，于是他下令没收私人武器。1537年，亚历山德罗被杀，继位者是其远房堂兄科西莫一世。科西莫一世成功结束了神圣罗马帝国军队对佛罗伦萨的占领。他及其后代统治下的佛罗伦萨比亚历山德罗时期更为安定繁荣。尽管科西莫一世对待敌人残酷无情，但他受到了期盼改善生存境遇的下层百姓的广泛支持。民众对生性多疑、行为诡秘的科西莫一世虽然不够爱戴，却尊敬有加。1569年，他被封为托斯卡纳大公，整个佛罗伦萨欢欣鼓舞。他也为佛罗伦萨带来了多年来未曾有过的政治稳定和经济繁荣。

科西莫一世还使佛罗伦萨的城市面貌发生了翻天覆地的变化。他将自己的宅邸从美第奇宫迁至领主宫，修建了华丽的乌菲齐宫作为佛罗伦萨官员的办公场所。此外，他还扩建了位于阿尔诺河南岸、本来就很宏伟的皮蒂宫，营造了著名的波波利（Boboli）花园。

科西莫一世及其后代也是艺术和科学的赞助者。他的孙子科西莫二世资助过伽利略。伽利略甚至将他发现的木星的四颗卫星命名为"美第奇星"。美第奇家族逐渐赢得民心，特别是在1630年暴发的大规模瘟疫中，平易近人的费迪南多二世拒绝逃离佛罗伦萨。在中世纪和近代早期的城市中，因为人口聚居，瘟疫时常肆虐。不过，

▲ 科西莫一世虽系美第奇家族远亲，却迅速确立了在佛罗伦萨的统治地位

1630年暴发的这场瘟疫尤为严重，至少有七千名市民死亡。人们将尸体一车车拉走，对房屋进行熏蒸，在户外举行弥撒，尽力避开教堂的封闭空间。

尽管美第奇家族的统治相对稳定，佛罗伦萨也越来越受到外国游客的青睐，但托斯卡纳地区却日趋贫困。科西莫三世自1670年起长达五十三年的统治加剧了这一衰落。身为宗教狂热分子，科西莫三世对在佛罗伦萨定居的犹太人大肆迫害，还下令鞭笞任何参与五旬节①庆典的人。1723年，科西莫三世亡故，托斯卡纳地区沦为欧洲最贫困地区之一，而佛罗伦萨因其丰富的艺术遗产持续吸引着人们的目光。

科西莫三世身后，美第奇家族在佛罗伦萨的统治仅传承了一代。佛罗伦萨经济萧条，乞丐遍地，许多宫殿遭到废弃。1737年，科西莫三世的儿子吉安·加斯托内去世，标志着美第奇家族在佛罗伦萨的动荡统治正式落幕。

---

① 每年复活节后第五十日。

科西莫·德·美第奇：无冕之王

胸有丘壑、雄心勃勃的科西莫·德·美第奇让富可敌国的家族登上权力之巅。美第奇家族从金融翘楚华丽转身为呼风唤雨的一代王朝

作者：琼·伍乐顿

委托营造大量建筑，鼎力支持艺术创作，他就是佛罗伦萨权倾朝野的科西莫·德·美第奇，连教皇庇护（Pius）二世都称只手遮天的他为"无冕之王"。在他作古后，由他引入辉煌时代的佛罗伦萨授予他"国父"称号。作为佛罗伦萨的实权派，他不事张扬，通达睿智，全情投入，在幕后操控着一切，却从未妄自尊大，将自己凌驾于他人之上。

虽说科西莫内敛野心，含蓄希冀，但他的行为却将内心深处的雄心表露无遗。他酷爱阅读，孜孜不倦，年轻时候就开始购买书籍。同时代人终其一生仅拥有五六本书，未满而立之年的科西莫就早已默默收藏了七十本书，其中包括西塞罗（Cicero）和恺撒大帝的作品。和那个时代的富家子弟一样，科西莫也周游世界，但他游历归来就能够讲一口流利的法语和德语，然后又转而学习阿拉伯语。在他人生中最艰难的流亡时期，他获得过威尼斯的庇护。作为回报，他赠与威尼斯一座藏有珍贵善本书籍的图书馆。科西莫从不张扬好斗，却一直努力践行自己的人生准则，并且总能得偿所愿。

这是他从父亲乔凡尼·迪·比奇那里继承的特质。作为美第奇家族的财富奠基人，乔凡尼在1389年喜迎科西莫和他的双胞胎弟弟达米亚诺（Damiano）的出生。就在三年前，他与皮卡尔达·布埃里联姻。皮卡尔达不仅血统高贵，妆奁

科西莫·德·美第奇一直保持着冷静的风度，喜怒不形于色。对同时代人来说他俨然一本死死合上的书，简直就是个谜。但人们都清楚是他掌控着整个佛罗伦萨

生活在科西莫影响下的皮耶罗·德·美第奇
皮耶罗·德·美第奇既是统治者之子，又是统治者之父，但更以"痛风者"广为人知

科西莫·德·美第奇在开始展现其作为银行家、政治家和谋士才华的同时，也通过赓续家族血脉来为家族的未来提供保障。1416年，皮耶罗在佛罗伦萨拉尔加（Via Larga）大街上的美第奇家族府邸呱呱坠地。不久之后，怀着与藏书纳籍相似的热情，踌躇满志的科西莫开始为皮耶罗聘请思想自由的家庭教师，使其接受了杰出的人文主义教育。和佛罗伦萨的许多人一样，多年来皮耶罗一直生活在科西莫的巨大影响之下。1464年父亲去世之时，尽管在外交手腕方面有所缺憾，但皮耶罗很快展现出自己作为卓越银行家的才能。他决定向长期支持美第奇家族的借贷人讨债，这为他树立了非必要之敌。上任次年，他经历了一场政变，幸亏儿子洛伦佐，他才得以逃脱。1467年，因对米兰新统治者人选的不同意见，佛罗伦萨出兵打败威尼斯军队，皮耶罗取得了军事上的成功。

与其父相似，皮耶罗对艺术充满热情，尽管他更偏爱北欧作品。他也像其他家族成员一样患有痛风。掌权后，皮耶罗经常出现行走困难。随着佛罗伦萨的政治和商业全面仰仗美第奇家族，他不得不把自己的家变成办公室，把家族府邸变成佛罗伦萨事实上的权力中心。

1469年12月2日，身患痛风的皮耶罗过世。洛伦佐为他建造了一座宏伟的陵墓。皮耶罗夹在两位统治者之间，如沉默幽影，为后人铭记。

▲ "痛风者"皮耶罗常常在自己的卧室中议政，只有那些他真正信赖的人才能参与治理佛罗伦萨

也十分丰厚。双胞胎的名字是为了纪念两位被誉为神医的圣人。达米亚诺在婴儿时期夭折，科西莫与弟弟洛伦佐一同在家族"老宅"中长大。在那里他接受绅士教育，见证了父亲将美第奇银行一手打造成欧洲最大的商业帝国之一。

科西莫的父亲决心让他专精银行业，在为佛罗伦萨效力的同时提升自己，以便将来佛罗伦萨可以为他所用。1415年，科西莫被任命为佛罗伦萨的统治者，并在15世纪20年代初前往米兰、博洛尼亚甚至罗马教廷担任特使。与此同时，美第奇家族也获得了教皇马丁五世的信任，与梵蒂冈签署了利润丰厚的银行业务合同。1420年，乔凡尼选择退居幕后，让位给科西莫和洛伦佐。此时，美第奇家族的生意正蒸蒸日上。

科西莫在美第奇银行的领导地位使他大权在握，也帮他在政界站稳了脚跟。与表弟阿韦拉多一起，他开始在领主宫组建政治小团体以治理佛罗伦萨城邦。他们通过从优惠放贷到许诺职位等林林总总的贿赂手段，赢得选民的支持。科西莫聪明机敏，这点在其职业生涯早期就展露无遗。他从不直接提及那些他所贿选者的大名，始终称

▲ 教皇庇护二世称"无冕之王"科西莫·德·美第奇是佛罗伦萨的"情人"

他们为"朋友"。

科西莫并不急于追求公众声望，他更喜欢在幕后操纵。时至1426年，美第奇家族在领主宫的影响力不断增长，这引起了里纳尔多·德利·阿尔比齐的忧虑。他在一次公开会议上告诉众人，美第奇新贵对佛罗伦萨构成了威胁，称"假如你们让他们接掌政府，那将意味着你们的毁灭"。

1429年，乔凡尼·迪·比奇去世，科西莫·德·美第奇成为家族之长。作为掌权者的他采取的首要举措，就是在佛罗伦萨卷入与卢卡城邦战事之际，授权美第奇银行向佛罗伦萨提供短期贷款。尽管此举并未给美第奇家族带来巨额利润，却为其赢得了民众支持，因为毕竟在佛罗伦萨最危急时刻，美第奇家族甘冒风险，动用家族财富拔刀相助。

然而，这场战争也让科西莫本人身临险境，因为政敌认为他地位过于显赫，实属危险分子。于是，1433年9月，他们邀约科西莫前往领主宫进行磋商，却在其抵达佛罗伦萨时将其抓捕。审判时，他被指控利用卢卡战争牟取私利。里纳尔多企图给科西莫安上叛国大罪，将他处死示众。所幸最终科西莫及其亲属被判流放。不到一年后，科西莫重返佛罗伦萨，成为至高无上的掌权者。

科西莫被流放仅数月后，佛罗伦萨人便开始记挂起他的财富与庇护，也怀念他所倡导的民主政治理念。流亡期间，科西莫的朋友为他到处奔走呼吁。1434年夏，美第奇家族逐渐掌握了佛罗伦萨的控制权。他们告诉里纳尔多，计划让科西莫重返家乡。在里纳尔多企图发动武装政变时，科西莫的朋友们已经做好了迎战准备，而教皇尤金四世因怕失去美第奇家族的资金支援，也警告里纳尔多不要轻举妄动。

同年9月底，科西莫的流放生涯正式宣告结束，他的政敌被逐出佛罗伦萨。回到家乡后不久，科西莫采取了他一生中为数不多的明确政治行动，决定将选举执政团的权力完全掌握在自己手中。他称此举旨在保障佛罗伦萨的安全。于是，他完全掌握了这座城邦的实际控制权，正式开启了佛罗伦萨为期三十年的科西莫统治时代。虽然科西莫从未正式宣布为佛罗伦萨的领导者，但他却主宰了这个城邦的方方面面。

> **科西莫的权力不仅基于他卓越的外交手腕，也与金钱息息相关。**

科西莫的权力不仅基于他卓越的外交手腕，也与金钱息息相关。他继承了父亲非凡的金融才华，在伦敦、布鲁日、米兰、阿维尼翁等地设立了美第奇银行分行。科西莫成功掌控美第奇银行的十年间，银行利润超过了十万弗罗林金币（相当于350多公斤黄金）。此外，他还帮助家族涉足羊毛业和丝绸业等其他行业攫取利益。截至1457年，他向税务部门报告的个人财产达到十二点二万弗罗林金币。他的银行与佛罗伦萨一些最有利可图的产业关系密切。

科西莫的幕僚为他编织了庞大的情报网络，协助他制定政治策略。1436年，为支持野心勃勃的雇佣军弗朗切斯科·斯福尔扎夺取米兰公爵之位，科西莫在安科纳（Ancona）开设了一家新银行对其进行策应。科西莫深知斯福尔扎的成功会成为佛罗伦萨的利器，保障自己在那里的商业利益安然无恙，最终实现意大利北部的长治久安。他帮助促成盟友斯福尔扎与米兰公爵唯一的千金联姻。米兰公爵去世、斯福尔扎为继承权而战时，科西莫调兵遣将，助后者一臂之力。通过

▲ 科西莫对和孔泰西纳所生幼子乔凡尼期望很高，但这个孩子有时不免令父亲失望

让自己的盟友进驻米兰，科西莫在与威尼斯和那不勒斯之间的权力抗争中取得了平衡，使佛罗伦萨在半个世纪内暂时摆脱了严重动荡的威胁。

科西莫对内努力打造城邦的未来，以拓展家族利益。1458年夏，他安排自己的挚友做了共和国正义旗手，提出设立永久性的权威机构来决定政府高层职位的任命。当执政团拒绝这个提议后，科西莫让弗朗切斯科·斯福尔扎的雇佣军在佛罗伦萨街道上漫步，向市民征询意见。不出所料的是，他获得了民众支持，美第奇家族至此完全掌控了佛罗伦萨政府。

"善于运筹帷幄解决政治问题的他有大权在握的盟友加持，是战是和，悉听尊便。"这是教皇庇护二世对科西莫恰如其分的评价。可是，科西莫始终认为他不仅在为自己和家族牟利，也是在为佛罗伦萨的利益奔波。1438年，他到访费拉拉。教皇尤金四世刚刚召开了一个会议，旨在弥合天主教会和东正教会的裂痕。恰好此时瘟疫肆虐费拉拉城。科西莫抓住机会，说服尤金四世将会址迁往佛罗伦萨。1439年，科西莫站在佛罗伦萨城门前，亲自迎接希腊东正教领袖与君士坦丁堡的牧首。欧洲各个教派云集佛罗伦萨，在随后五个月里，佛罗伦萨成为欧洲教派激辩的中心，见证了东西两大教派签署合并教会的协议。这对佛罗伦萨而言实属荣耀时刻，科西莫也从中受益匪浅，会议在他家乡举行令其收获颇丰。

但是，正如科西莫的许多成就一样，其行动看上去似乎更多地是为造福他人而非自己。科西莫堪称公共关系大师。其父临终前告诫他"永远不要违背民众意愿"，而科西莫一直谨记父亲遗嘱。他努力塑造共和者的个人形象，将大部分财产投入佛罗伦萨的建设，而最能彰显他为人慷慨之处的是他对艺术的热爱。据称，科西莫晚年曾经说过，花钱给他带来的喜悦远超赚钱为他平添的快乐。他利用自己的财富让佛罗伦萨拥有了西欧最精美的建筑和绘画。科西莫长期资助建筑师米开罗佐·迪·巴尔托洛梅奥。这位建筑师设计了佛罗伦萨市中心壮观的美第奇宫及美第奇在卡雷吉（Careggi）的消夏别墅。科西莫还出资让米开罗佐对佛罗伦萨原有的一些建筑（包括圣马可

▲ 科西莫从未想过自己会荣膺"国父"的尊称。这成了他最伟大的墓志铭,镌刻在佛罗伦萨各处的科西莫雕像上

修道院和维琪奥宫）进行改造，加入创新的设计元素。与此同时，科西莫也资助布鲁内莱斯基修建完成了圣母百花大教堂。

科西莫在这些佛罗伦萨地标建筑物中安放了许多精美雕塑和壁画。他赞助过多位艺术家，如弗拉·安吉利科和菲利普·利皮，并委托贝诺佐·高佐利（Benozzo Gozzoli）在美第奇宫小教堂里创作了著名的壁画。这幅壁画以东方三贤士穿越托斯卡纳为主题，画面中，美第奇家族成员和东方三贤士一起，共同踏上伯利恒朝圣之旅。

同时，科西莫资助雕塑家多纳泰罗创作了青铜雕像《朱迪思与霍洛芬斯》和《大卫》。然而，他没有将这些作品深藏于自己的府邸中，而是将它们放置在席尼奥里亚广场上。两具雕像都传达了以弱胜强的信息，凸显了科西莫与人民为伍、帮助城市获得自治的形象。

科西莫也着眼于未来。高佐利壁画中的东方三贤士，其中两位的面貌仿自君士坦丁堡的宗教领袖和拜占庭皇帝，第三位则是科西莫之孙洛伦佐的形象，这将他对家族的雄心壮志表露无遗。

作为美第奇家族错综复杂的家族网中的一员，洛伦佐如同佛罗伦萨一样，完全被祖父科西莫所掌控。约在1415年，科西莫与孔泰西纳·德·巴尔迪成婚。孔泰西纳出身于曾经颇具影响力但如今已家道中落的银行世家。然而，孔泰西纳的高贵血统正是美第奇家族所没有的。科西莫和孔泰西纳育有两子：皮耶罗（1416年生）和乔凡尼（1421年生），他们在美第奇家族的光环中长大。

然而没过多久，孔泰西纳就发现科西莫养育了一个私生子。科西莫与他在威尼斯买来的奴隶玛达莱娜（Maddalena）关系暧昧，她为他生下一个名叫卡罗的男婴。这个孩子后来与科西莫及同父异母的兄长们共同生活。出于打造美第奇王

▲ 科西莫·德·美第奇与弗朗切斯科·斯福尔扎结成了出人意料但又相互受益的伙伴关系

朝尊贵地位的用心，科西莫选择了当时贵族家族的惯常做法，将最小的儿子卡罗送入教会。

与此同时，科西莫悉心培养儿子皮耶罗和乔凡尼成为家族银行业的接班人，但这个传承并非一帆风顺。当初，科西莫与他的兄弟洛伦佐共同继承了美第奇银行。1440年洛伦佐离世，他的银行股份便由其唯一在世的儿子皮埃尔弗朗切斯科继承。在皮埃尔弗朗切斯科达到法定年龄之后，科西莫不得不教导三个孩子学会合作，以守护家族的财富和未来。不过，他深知自己会将佛罗伦萨的政治大权单单传给长子皮耶罗。

年逾古稀的科西莫身体日渐衰弱。长期以来，他一直饱受痛风之苦，在领主宫里深居简出。尽管如此，他的影响力一直都在。1459年教皇庇护二世到访佛罗伦萨时，科西莫举行了盛

▲ 美第奇家族是贝诺佐·高佐利为新宫创作的壁画中的主角。科西莫会邀请达官显贵前来观赏此壁画，以突显家族势力

▲ 手持瓶子、头戴象征医生身份的红帽的圣科西莫斯（Cosmas）将自己的名字赐给注定要统治佛罗伦萨的婴儿科西莫

大的欢迎典礼，但把许多公众活动都交由亲属主持。1463年，小儿子乔凡尼英年早逝，科西莫备受打击，精神和身体大不如前。1464年初夏，同往常一样，科西莫前往他位于卡雷吉的庄园消夏，这将是他人生最后一次旅行。1464年8月1日，科西莫·德·美第奇在卡雷吉庄园辞世，佛罗伦萨全城哀悼。

科西莫的葬礼沿袭了他生前的一贯处事风格：十分低调，极其节俭，余威犹存。1464年8月2日，简朴的棺椁在家人簇拥下运抵圣洛伦佐教堂。简短仪式后，科西莫入土为安。几天后，他的儿子、继任者皮耶罗收到了法兰西国王和教皇庇护二世的唁函。

科西莫一生挚爱的佛罗伦萨也向他致以最崇高的敬意。在他去世后不久，虽然他所掌控的执政团似乎无为而治，但他实际统治的佛罗伦萨当局决定授予他"国父"的头衔。这一荣誉称号曾授予科西莫所崇敬的西塞罗。这是对一个为佛罗伦萨奉献一生的人的最恰如其分的致敬。

科西莫善于运筹帷幄，精通幕后操控，这让他的权力之路势不可当。凭借雄才大略，他使佛罗伦萨成为美第奇家族无可争议的领地，为后来数个世纪的家族荣耀与权势奠定了坚实的基础。

科西莫对古典世界的贡献
为传播新思想，这位美第奇家族的大师出资创建了现代版的著名柏拉图学园

科西莫热爱知识。他不仅自己从中受益匪浅，还将知识作为帮助他人的工具。

1439年，费拉拉大公会议迁移至佛罗伦萨，那个时代声名卓著的哲学家和人文主义者接踵而至，其中包括拜占庭思想家格弥斯托士·卜列东（Gemistus Plethon），正是他使柏拉图思想在西欧重新受到关注。科西莫及其追随者对卜列东思想情有独钟，称其为"柏拉图第二"。这段经历对科西莫产生了深远的影响，促使他出资创建了旨在探讨和传播哲学和古典文化的柏拉图学园。它以位于雅典郊外的原柏拉图学园为基础，由科西莫亲自选定的马尔西利奥·费奇诺（Marsilio Ficino）来主持学园工作。科西莫利用自己的财富收集了大量柏拉图手稿，同时还将其他古典文献翻译成拉丁文，以丰富学园的藏书。

学园聚集了欧洲一些最杰出的思想家，其中有乔凡尼·皮科·德拉·米兰多拉（Giovanni Pico della Mirandola）和安杰洛·安勃罗吉尼（Angelo Ambrogini，又名波利齐亚诺）。学园并不定期召开例会，却把位于卡雷吉的美第奇别墅当作学园基地，每逢大家聚会讨论，都是在此处进行的。参与过讨论的人都认为自己是学园一员。这些人对文艺复兴思想的传播功不可没。

科西莫对学园的热情由其孙洛伦佐继续发扬光大。

▲ 在科西莫的资助下，马尔西利奥·费奇诺对柏拉图著作进行翻译，直到科西莫去世后才完成

"豪华者"洛伦佐·德·美第奇

作为政治家、统治者和艺术文化赞助人,
"豪华者"洛伦佐尽其所能推动了文艺复兴运动,
并带领佛罗伦萨攀上艺术之巅

洛伦佐·德·美第奇是皮耶罗·美第奇之子,1449年1月1日出生于佛罗伦萨。少年时他就聪颖过人,求知欲旺盛,记忆力超群,富有幽默感。祖父科西莫非常喜欢这个孙子,一直悉心督促他努力学习、开拓视野。毕竟,自己的儿子皮耶罗身体虚弱,科西莫不由得担心他会英年早逝。因此,科西莫决定为孙子洛伦佐登上权力舞台做必要准备,确保他接受最优质的教育。洛伦佐掌握了希腊语和拉丁语,精通哲学,成为由马尔西利奥·费奇诺主持的柏拉图学园的一员。他在柏拉图学园不仅学会了唱歌、演奏里拉琴,还培养了对诗歌和艺术的挚爱之情。

洛伦佐常与政坛名流和人文主义者为伴,耳濡目染,受益良多。数年后,十六岁的洛伦佐登上了政治舞台。与此同时,他闲暇时还写下了不少诗歌。1469年,遵照父亲的建议,洛伦佐与罗马最强势、尊贵的家族联姻,娶了克拉丽丝·奥尔西尼。同年,洛伦佐的父亲去世,年仅二十岁的洛伦佐与弟弟朱利亚诺一同执掌佛罗伦萨。洛伦佐执政之时便宣示自己拟以祖父和父亲为楷模,通过宪政手段暗中操纵权柄而不担任公职。

洛伦佐在执政初期取得了巨大成功。他不仅与教皇西斯笃(Sixtus)四世达成协议,负责打理教皇财务,而且通过大量进口粮食救饥解荒,拯救了深陷歉收困境的佛罗伦萨。他深得民心,百姓有口皆碑。

▲ 16世纪吉罗拉莫·麦基耶蒂（Girolamo Macchietti）创作的洛伦佐肖像

然而，洛伦佐让佛罗伦萨与威尼斯和米兰结成同盟，这使一直追求领土扩张的罗马教廷心生不满，洛伦佐与教廷的关系开始恶化。不仅教皇对美第奇家族怀恨在心，佛罗伦萨的另一显贵帕齐家族也一心想篡夺美第奇家族的统治地位，以掌控整个佛罗伦萨。随后，帕齐家族与教皇结盟，让自己的银行给教皇提供贷款，使其得以买下罗马涅大区（Romagna，位于北意大利，战略地位十分重要），以巩固梵蒂冈的地位。作为回击，洛伦佐拒绝承认教皇任命的弗朗切斯科·萨尔维亚蒂（Francesco Salviati，帕齐家族的盟友）担任比萨大主教。正因如此，教皇西斯笃四世、

▲ 1480年维罗基奥（Verrocchio）创作的半身像更加准确地展现了洛伦佐独特的相貌特征

▲ 1483—1485年达·芬奇创作的洛伦佐画作

他的两个侄子杰罗拉莫·里亚里奥（Girolamo Riario）和弗朗切斯科·萨尔维亚蒂与帕齐家族密谋，刺杀美第奇兄弟。1478年4月26日，洛伦佐和朱利亚诺正在教堂做复活节弥撒，夺命阴谋却在等待着他们。刺客突然扑上来，连刺朱利亚诺十九刀。身负重伤的洛伦佐勉强逃脱，躲进教堂寻求庇护。教堂大门紧锁，密谋者一看无法接近洛伦佐，便扬长而去，企图占领市政厅。然而，佛罗伦萨市民群情激愤，对刺客展开追捕。弗朗切斯科·萨尔维亚蒂被绞死在市政厅的墙上（达·芬奇用素描把这一幕记录下来）。作为对公然处决大主教的残忍行为的报复，教皇命那不勒斯国王进攻佛罗伦萨。然而，在全面战事爆发之前，洛伦佐向国王投降，并成功劝说国王放弃作战计划。此举巩固了美第奇家族在佛罗伦萨的地位。1480年，洛伦佐甚至与教皇西斯笃四世达成和解，佛罗伦萨和平曙光重现。

在这场致命阴谋中死里逃生的洛伦佐声名鹊起，民众对他的支持坚定不移，称其为"意大利的定海神针"。他任命了七十人委员会（Council of Seventy），负责处理国家事务。同时，洛伦佐对艺术满怀热爱，当时恰逢文艺复兴鼎盛时期，佛罗伦萨成为欧洲艺术的中心。在生命的最后十年，洛伦佐慷慨资助了画家桑德罗·波提切

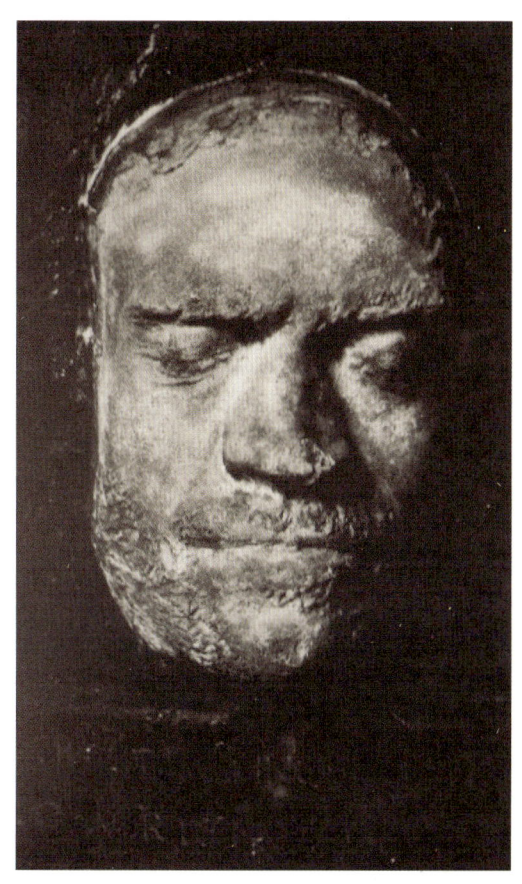

▲ 这个1492年的洛伦佐死亡面具展示了他严肃的面容和宽大扁平的鼻子。尽管他的外貌并不出众，但举手投足之间尽显尊贵、魅力和机智

他深得民心，百姓有口皆碑。

利、多米尼克·吉兰达约和菲利普·利皮进行艺术创作，为城市增光添彩。他还请人文主义者约翰·拉斯卡里斯（John Lascaris）和诗人安杰洛·波利齐亚诺四处搜集手稿，以丰富佛罗伦萨的图书馆藏。洛伦佐充分认识到，图书馆若要继续丰富馆藏，不能仅仅依靠购买书籍，因此，他力挺诞生不久的印刷术，鼓励使用印刷机来复印、传播那个时代的文学巨著。

洛伦佐为资助艺术倾注家族财产。他为佛罗伦萨成为文艺复兴中心所做出的贡献无人能够匹敌。他对当时伟大艺术家、建筑师和作家的慷慨资助产生了深远影响。著名的柏拉图学园成员常在洛伦佐的宫殿里聚集一堂。在那里，洛伦佐与乔凡尼·皮科·德拉·米兰多拉和马尔西利奥·费奇诺等人展开热烈的哲学讨论，流露出与他们一样的出众智慧。此外，洛伦佐还在圣马可花园开设了雕塑学院。这个学院的明星学生、十五岁的米开朗琪罗被洛伦佐当作家族一员来悉心加以培养。

1492年4月9日，洛伦佐去世。1492年，正值激动人心的地理大发现的肇兴。洛伦佐倾一己之力，引领了文艺复兴艺术文化的巨大变革，带来了充满无限可能性的美妙黎明。

佛罗伦萨死亡事件：帕齐阴谋

在佛罗伦萨核心地带，一场大型弥撒正在进行，
美第奇王朝的未来受到了严重威胁，
但企图推翻他们的阴谋实际上却巩固了他们的地位
这一政变震惊了整个欧洲

作者：琼·伍乐顿

1478年复活节，夜幕降临佛罗伦萨领主广场。映入人们眼帘的是这样一幕恐怖的场景：一具具尸体悬挂在领主宫的窗户上，在温暖和煦的春风中摇来晃去，已经开始腐烂发臭，血迹染红了地面，那是残酷处决后留下的痕迹。就在几个小时前，这些人还活跃异常，在佛罗伦萨街道上横冲直撞，企图与美第奇家族一决高下，夺取城市的控制权。然而，这场政变以失败告终，密谋者绝望至极，其中不少业已逃亡，个别藏身附近，希望能躲过正在城市街头进行的仓促处决。美第奇家族的支持者们注视着这些尸体，眼中喷着怒火。帕齐阴谋已然破产。

密谋者们的悲惨下场，与朱利亚诺·德·美第奇的哀荣相比，不啻天壤之别。正是他们妄图夺权，才夺去了朱利亚诺的生命。朱利亚诺在圣母百花大教堂大理石地板上遇刺身亡后，美第奇家族和整个佛罗伦萨城都对他的离去深感哀痛。遇刺四天后，在隆重的仪式中，朱利亚诺在圣洛伦佐教堂的家族墓穴中安葬，与祖父科西莫和父亲皮耶罗相伴长眠。朱利亚诺的死让其兄洛伦佐成为家族无可争议的族长。洛伦佐在教堂刺杀中

1478年帕齐阴谋中朱利亚诺·德·美第奇之死引发了可怕的复仇行动,血腥阴谋令佛罗伦萨人同仇敌忾

谋杀美第奇家族成员的人

遇害那天，朱利亚诺·德·美第奇走进圣母百花大教堂，身旁是熟悉的面孔。朱利亚诺和同伴亲切地聊着天，同伴给了他一个拥抱便走开了。这个同伴到底是博纳多·班迪尼·巴隆切利还是弗朗切斯科·德·帕齐，说法不一。但可以肯定的是，这个拥抱是为了确定朱利亚诺的外衣下面并没有穿盔甲。几小时后，两名刺客就对毫无防备的朱利亚诺大开杀戒。

1478年4月26日，众人正在教堂参加大弥撒，两名刺客用匕首和剑刺入朱利亚诺的身体。几个月前，他们就在精心策划这场谋杀。二人中，巴隆切利头脑更为冷静，拥有一些有权势的朋友，而弗朗切斯科·德·帕齐是帕齐家族的重要成员，同时也是帕齐银行罗马分行的经理。他性情急躁，"躁动不安"。

当他们开始突袭朱利亚诺时，巴隆切利大喊一声"叛徒"，然后疯狂地将剑深深刺入朱利亚诺的胸膛。弗朗切斯科·德·帕齐则用匕首接连捅进朱利亚诺的身体。朱利亚诺已成毫无声息的尸体，他还在用匕首反复扎着，整个过程冷静到一言不发。

数小时后，弗朗切斯科被绞死在领主宫的窗户上。然而，巴隆切利与那不勒斯国王的关系使他得以逃至君士坦丁堡，直到1479年才锒铛入狱。他在佛罗伦萨被处决的地方，就在那个复活节他欺骗朱利亚诺并致其死亡的街道附近。

受伤，痛定思痛，他必须展开复仇行动。

帕齐阴谋异常大胆，酝酿了数月之久，为何会以失败告终？这是因为密谋者们过于自以为是，对美第奇家族对佛罗伦萨的控制力缺乏全面认识。要知道，即便是最高级别的密谋者教皇西斯笃四世本人，也无法与美第奇家族的强大势力相抗衡。刺杀事件过后，美第奇家族奋起反击，挫败了一个又一个意在损害其家族的阴谋。血腥刺杀发生仅仅数月后，美第奇家族就再次全面掌控了佛罗伦萨。

然而此前，正是美第奇家族对这个城邦的全面掌控引发了刺杀行动。主谋者弗朗切斯科·萨尔维亚蒂、杰罗拉莫·里亚里奥和弗朗切斯科·德·帕齐事先在罗马策划了刺杀行动。他们想要剿灭美第奇家族的个人原因虽然不尽相同，但达成的共识是，只有让洛伦佐和朱利亚诺同时丧命，才能确保他们能从这个声名显赫的王朝手中夺取全部权力，进而把佛罗伦萨操控于股掌之中。

刺杀事件发生前，美第奇家族在佛罗伦萨一家独大，统治这个富饶的城邦已有四十余载。这个家族从普通银行家崛起为佛罗伦萨的无冕王族。父亲皮耶罗去世时，洛伦佐和朱利亚诺继承了巨额财富和对佛罗伦萨政治的完全控制权。他们在政府官员任命方面有着绝对的影响力，而他们的银行和商业利益也已渗透到了这个城邦的每个角落。帕齐家族这样的古老家族对他们自然心生不满，但也不得不对他们有所依赖。

早在刺杀阴谋发生的几年前，美第奇家族就面临着种种挑战。其中最为严峻的挑战就是美第奇家族银行岌岌可危。银行利润在皮耶罗的统治下就已经开始出现滑坡，并在两个儿子接掌银行后持续颓势。美第奇家族财富由盛转衰，从对伊莫拉（Imola）镇的争夺战中就可见端倪。这场争夺战为牵涉其中的所有人都带来了灾难性后果。

伊莫拉是个美丽小镇，位于佛罗伦萨和威尼斯之间的贸易路线上。洛伦佐一直觊觎控制这个小镇。1473年，该镇落入洛伦佐盟友米兰大公加莱亚佐·马里亚·斯福尔扎之手。洛伦佐与其谈判，愿以十万弗罗林金币购买此镇。然而，教

帕齐家族这样的古老家族对他们自然心生不满，但也不得不对他们有所依赖。

皇西斯笃四世想将该镇交予侄子杰洛拉莫·里亚里奥管理。教皇意欲在意大利中部造势，因此刚刚撮合杰洛拉莫与米兰大公的私生女卡特琳娜（Caterina）成婚。

教皇不仅提供四万弗罗林金币买下伊莫拉镇，还诉诸其他手段。他威胁要将米兰大公逐出教会，令米兰大公首鼠两端。仿佛一夜之间，米兰大公站到了教皇一边。教皇向来在银行业务上依赖美第奇家族，美第奇家族也因此赚得盆满钵满。但是为了这笔交易，教皇在别处筹得了资金，从位于罗马的帕齐银行贷了款。帕齐银行在永恒之城罗马做得风生水起，而美第奇家族在那里的分行却经营惨淡。洛伦佐眼见已成囊中之物的小镇旁落、敌对家族从教皇财产中分得一杯羹。

弗朗切斯科·德·帕齐负责经管帕齐家族在罗马的生意。他曾承诺不与教廷交易，但这个机会对他来说实在千载难逢，断无拒绝之理。在小镇伊莫拉争夺战之后，教皇西斯笃四世将利润丰厚的教会银行业务委托给了帕齐家族，同时萨尔维亚蒂家族也从中受益。洛伦佐遭到排挤。

与此同时，教皇西斯笃四世任人唯亲，任命弗朗切斯科·萨尔维亚蒂为比萨大主教，以扩大自身权势。洛伦佐拒绝承认这个新主教，再次与教皇分庭抗礼。不久之后，洛伦佐施压，成功阻止教皇将更加重要的佛罗伦萨主教职位交给萨尔维亚蒂。对于没有实现政治权力机会的萨尔维亚蒂家族来说，弗朗切斯科·萨尔维亚蒂正打算通过教会来实现个人野心，不承想美第奇家族竟从中作梗，于是便对其恨之入骨。

美第奇家族势力无处不在，厌倦他们威势的远不止帕齐家族和萨尔维亚蒂家族。经历过1468年政变失败后，美第奇家族对佛罗伦萨的统治得到进一步巩固，而那些古老世家虽然拥有美第奇家族没有的贵族血统，却只被授予了空有虚名的荣誉职位，真正重要的职位则被洛伦佐和朱利亚诺的盟友垄断。与此同时，美第奇家族深得民心，这点让他们从一开始就在佛罗伦萨立于不败之地。

蒙特塞科（Montesecco）伯爵乔凡·巴蒂斯塔（Giovan Battista）供出了那场企图推翻美第奇统治阴谋的诸多细节。大教堂里的刺杀发生后，朱利亚诺气绝身亡，洛伦佐受伤，而未被即时处决的巴蒂斯塔随后对一切供认不讳。一番严

▲ 教皇西斯笃四世将当选教皇视为让其贫寒家族出人头地的绝佳机会

▲ 在帕齐阴谋发生之前几年，美第奇家族与教皇西斯笃四世之间展开了对伊莫拉镇的争夺战

刑拷打之后，巴蒂斯塔供述了佛罗伦萨古老家族普遍憎恶美第奇家族的事实，并供认刺杀阴谋是在教皇权力中心罗马酝酿而成的。

据乔凡·巴蒂斯塔坦白，比萨大主教弗朗切斯科·萨尔维亚蒂在罗马梵蒂冈的房间是这场阴谋的产房。1477年夏末，乔凡·巴蒂斯塔应邀去那里密谋，与萨尔维亚蒂、弗朗切斯科·帕齐和杰洛拉莫·里亚里奥共同探讨美第奇家族对伊莫拉及其新统治者杰洛拉莫构成的威胁，一旦教皇西斯笃四世升天，这种威胁更是迫在眉睫。

时至初秋，他们的预谋仍在继续。他们认为美第奇家族业已失去佛罗伦萨民众的支持，开始探讨如何组织推翻洛伦佐和朱利亚诺所需的军事力量。于是，乔凡·巴蒂斯塔被派往佛罗伦萨，运用他的军事知识实地制订进攻计划，并试图说服弗朗切斯科的叔叔、帕齐家族族长雅各波·德·帕齐（Jacopo de' Pazzi）支持这一阴谋。

那时，雅各波·德·帕齐一直对这个计划不置可否，然而争取他的参与对计划的顺利实施至关重要。最终，族长应允下来，这很可能和教皇西斯笃四世对阴谋行动的默认直接相关。作为上帝在人间的代言人，教皇不能支持杀戮，但他赞同将洛伦佐清出佛罗伦萨政府。"只要没有人因此丧命就好。"教皇这句话无异于默许了阴谋行动。1478年上半年，阴谋小集团就开始紧锣密鼓地进行密谋，随即确定了刺杀行动的时间。

1478年初，随着春季的到来，刺杀行动的风言风语传入洛伦佐和朱利亚诺的耳中。二人始终保持警惕，小心提防袭击。复活节前几个月，他们出于安全考虑，决定不同时出席同一庆典。美第奇兄弟本应前往罗马参加复活节庆典仪式，这当然是密谋者们行刺的绝佳机会，但在临行前最后一刻，美第奇兄弟决定留在佛罗伦萨。刺杀发生的前一周，他们原计划在洛伦佐位于菲耶索莱（Fiesole）附近的别墅共进晚餐，然而朱利亚诺在动身前几个小时改变了主意，没有前往。

密谋者们经过精心策划，决定在1478年4月26日复活节午后潜入美第奇宫。为得到邀请，杰罗拉莫·里亚里奥提出很想欣赏一下洛伦佐最新的艺术藏品，洛伦佐答应接待他们，称在大弥撒结束之后，就向他们敞开美第奇宫的大门。可是，就在复活节当天，朱利亚诺的行踪再度飘忽不定。他能否参加弥撒仪式尚不得而知。密谋者们突然造访美第奇宫，洛伦佐那时一直在教堂等着他们，于是回家接了他们参加弥撒仪式。弥撒进行时，与洛伦佐并肩行走者正是图谋杀害他的敌人。与此同时，另一群密谋者发现朱利亚诺并未随成千上万的信众参与弥撒仪式，于是佯装友好，邀请朱利亚诺一同参加教会一年中的重大庆典。

大弥撒开始时，圣母百花大教堂冰凉的大理石墙内挤满了人，但乔凡·巴蒂斯塔却不在其

▲ 对洛伦佐和朱利亚诺的行刺发生在教会年度最为神圣仪式的高光时刻

中。他不愿看到血溅教堂,因此,两名神父立即代替他做了刺客,二人将凶器藏在法衣下面。神父安东尼奥·马费伊·达·沃尔泰拉(Antonio Maffei da Volterra)和斯特凡诺·达·巴尼奥内(Stefano da Bagnone)对付洛伦佐,而弗朗切斯科·德·帕齐和博纳多·班迪尼·巴隆切利则被指派刺杀朱利亚诺。

有人说行动信号是"弥撒礼成"的结束语,还有人称刺杀者以圣饼高高举起为号。怒火中烧的帕齐家族最终动手是在圣餐仪式开始之时。

年仅二十五岁、已有婚约在身的朱利亚诺先是被巴隆切利刺了一剑,然后弗朗切斯科·德·帕齐立即拔出匕首,疯狂地连刺了十二至十九刀。朱利亚诺胸部被刺穿,致命一击刺中了他的头部。他扑倒在地,当场殒命。刺杀洛伦佐的人手法却并不怎么高明。其中一人紧抓洛伦佐的肩膀,拉开架势要刺杀,但这给了洛伦佐足够的反应时间。他的脖子被划了一刀,但仍有还击之力。

得知行刺洛伦佐未遂后,巴隆切利趁乱拼命要去支援同伙。可是,美第奇家族最忠诚的家丁之一弗朗切斯科·诺蒂(Francesco Noti)挺身而

▲ 多年来，安杰洛·波利齐亚诺与美第奇家族私交甚密。他在圣母百花大教堂中的行动挽救了洛伦佐的生命

出护住了洛伦佐。他站在洛伦佐和刺客之间，结果被巴隆切利刺中腹部，死于非命。无数民众从教堂中蜂拥而出，纷纷逃离案发现场。洛伦佐在美第奇家族的好友波利齐亚诺的护送下，一头钻进了教堂新圣器室。他没有看到兄弟的尸首。

洛伦佐并不知晓密谋者在城外驻有军队，正伺机而动，准备篡夺佛罗伦萨政权。就在圣母百花大教堂陷入混乱之际，弗朗切斯科·萨尔维亚蒂带领来自佩鲁贾（Perugia）的武装部队开向领主宫，要求面见佛罗伦萨正义旗手塞萨利·帕特卢奇（Cesare Petrucci）。萨尔维亚蒂的算盘是通过与正义旗手会面以拖住他，同时雅各波·德·帕齐与弗朗切斯科趁机在楼下的街道上呼吁武装起义。然后，他们把正义旗手软禁起来。然而，当萨尔维亚蒂与正义旗手开始对话时，他意识到情况不妙。

正义旗手帕特卢奇意识到潜在的危险，利用可以自动关闭的门将萨尔维亚蒂和几个同谋困在

室内。与此同时，雅各波·德·帕齐独自一人前往下面的广场，弗朗切斯科在对朱利亚诺的激烈攻击中刺伤了自己，正在屋内接受包扎。雅各波带领一队雇佣军，高呼"人民要自由"进入领主宫。然而，对刺客的反击已然展开，美第奇的支持者们向下方的军队投掷石块和杀器。

美第奇宫变成了反政变斗争的灯塔。洛伦佐在教堂新圣器室的沉重铜门后熬过了令人焦虑的等待，随后在全副武装的支持者护送下回到美第奇宫。彼时，洛伦佐和他的支持者们以为圣母百花大教堂已空无一人，但直到听见有人在里面敲门，才知道那是美第奇家族最亲密的朋友西格斯蒙多·德拉·斯图法（Sigismondo della Stufa）。正是他冒着危险爬到管风琴楼，得以确认教堂大门口是敌是友，美第奇家族成员才得以逃脱。不久之后，佛罗伦萨各界人士纷纷集结到美第奇旗帜之下，美第奇宫中精心储备的军械库也散发一空，用以武装民众。

清晨，悠远的钟声回荡在春天的空气中。佛罗伦萨的市政钟楼开始敲响警钟，警告佛罗伦萨处于危险之中。警钟之声迅速传遍了周边乡村，唤醒了世代定居于此的民众，号召他们拿起武器。面对如此迅猛的反击，原本在田野中待命的

▲ 洛伦佐躲进圣母百花大教堂的新圣器室，却被困其中，而密谋者则试图拥入佛罗伦萨，以夺取美第奇家族的权力

奥多阿尔多·博拉尼（Odoardo Borrani）19世纪创作的这幅画作展示了雅各波·德·帕齐的悲惨命运。遭到处决后，他的尸体在多地被肢解示众

密谋者援军作鸟兽散。与此同时，帕齐家族的口号"人民要自由"被呼声更高的指代美第奇家族纹章的"巴勒"（balle）之声所淹没。

佛罗伦萨对这场政变毫不宽容，参与其中的人很快受到了惩罚。许多试图推翻美第奇统治的士兵从窗户上被抛出，摔在广场上，而广场上的美第奇拥趸开始了血腥的报复。雅各波·德·帕齐、乔凡·巴蒂斯塔和他们的支持者虽然一时逃脱，但萨尔维亚蒂被逮捕，很快他就见到了当天下午被拖到领主广场的弗朗切斯科·德·帕齐。二人及其他密谋者都被绞死在领主宫的窗户上，也有密谋者及其支持者被绞死在附近巴尔杰洛宫（Bargello）的窗户上。佛罗伦萨的市中心已然成了残忍的绞刑场。

雅各波·德·帕齐翌日被捕，惨遭毒打，随后被拖回佛罗伦萨，4月28日被处以绞刑。后来，他的尸体被掘出、毁容，并在城市中被拖曳示众。5月初，乔凡·巴蒂斯塔也掉了脑袋。

帕齐家族政变失败后，美第奇家族有仇必报，约有八十名阴谋参与者被处死。1479年12月，巴隆切利落网，被拖回佛罗伦萨绞死。

至此，洛伦佐再次完全掌控佛罗伦萨。帕齐家族受到了严厉的惩罚，他们的财产被没收，家族成员被禁止担任高级职位，甚至连他们的名字都被从公共记录中删除。然而，帕齐家族的主要支持者教皇西斯笃四世，并不肯善罢甘休。1478年6月1日，他颁布绝罚令（教皇能够实施的最严厉的惩罚），将洛伦佐逐出教会。三周后，他宣布对佛罗伦萨采取宗教制裁，禁止城内举行弥撒或分发圣餐。同时，他没收了美第奇家族银行在罗马的资产，并如往常一样，呼吁罗马教廷最强大的支持者们对抗美第奇家族，命教廷的一贯捍卫者那不勒斯国王斐迪南一世对佛罗伦萨发起进攻。斐迪南一世提出，若佛罗伦萨驱逐

▲ 帕齐阴谋纪念铜章

精心储备的军械库也散发一空，用以武装民众。

▲ 弗朗切斯科·萨尔维亚蒂与意大利最有权势的一些家族关系密切。他意欲在教会中干出一番伟业，但美第奇家族阻碍了他的升迁之路，为此他怀恨在心

▲ 佛罗伦萨的帕齐教堂是15世纪后期帕齐家族重掌政权的外在标志

▲ 帕齐阴谋后，那不勒斯国王斐迪南一世没有像人们要求的那样去剿灭洛伦佐，反倒成了美第奇家族的盟友

洛伦佐并让他永远流亡，那不勒斯就不会进攻佛罗伦萨。但佛罗伦萨执政团都是美第奇家族的亲信，他们拒绝了这个提议。

帕齐阴谋之后的夏天，由乌尔比诺（Urbino）公爵和卡拉布里亚的阿方索（Alfonso of Calabria）指挥的军队逼近佛罗伦萨，占领了一个重要据点，破坏了周围许多农田，威胁到农业收成。最后，洛伦佐提出亲赴那不勒斯与斐迪南一世谈判，但此举风险极高。然而，他却受到了贵宾待遇，没出三个月便成功说服了斐迪南一世：只有在美第奇家族仍然掌权的情况下，佛罗伦萨才能是那不勒斯的好伙伴。

洛伦佐带着斐迪南一世的支持回到佛罗伦萨，迅速加强了对权力的控制。他出台新规，确保由他提名的参议员终身任职；新委员会将在所有事务上拥有最终决策权。

领主宫和下方的广场，曾经流淌着反叛者的鲜血，现在已经完全属于洛伦佐。他成功挫败了对美第奇家族而言最危险的阴谋，竭尽全力庇护美第奇家族，确保血腥疯狂的帕齐阴谋不会重演。

1492年，堕落的罗德里戈·波吉亚成为教皇亚历山大六世，他对美第奇家族嗤之以鼻

美第奇与波吉亚

15世纪末至16世纪初，
美第奇家族与声名狼藉的波吉亚家族全力竞逐在罗马教廷的影响力

作者：伊丽莎白·诺顿

美第奇家族统治佛罗伦萨长达三百余年，但在意大利追逐权力的家族中，他们并非孤军。美第奇家族的一个宿敌便是堪称欧洲史上最显赫家族之一的波吉亚家族。

波吉亚家族也雄心勃勃，渴望建立家族王朝，但与美第奇家族不同的是，波吉亚家族并非来自意大利本土。波吉亚家族最早兴起于13世纪的阿拉贡（Aragon，近代西班牙的一个王国），1240年由阿拉贡国王海梅（Jaime）一世封爵，14世纪末成为阿拉贡王国的名门望族。

随着阿方索·德·波吉亚（Alfonso de Borja）的事业腾飞，波吉亚家族开始登上欧洲政治舞台。出生于1378年的阿方索是一位博学、正直且值得信赖的人，大家都认为他前途无量。1429年，他成为瓦伦西亚（Valencia）主教，1444年晋升为红衣主教，前往罗马就职。

受到当时教廷普遍存在的任人唯亲传统的影响，1446年，他任命自己十四岁的侄子罗德里戈·波吉亚（Rodrigo Borgia）为瓦伦西亚大教堂执事。在接下来的几年中，年轻的罗德里戈在叔叔阿方索的羽翼下崭露头角。

之后，罗德里戈也进入罗马梵蒂冈教廷，接受了良好的人文教育。1455年，叔叔阿方索当选为教皇加里斯都（Callixtus）三世，三年后在任上归天。1456年，加里斯都三世任命其侄子路易斯·朱利安·德·米拉（Luis Juan de Milà）和罗德里戈·波吉亚为红衣主教。次年，罗德里戈被任命为教会副教长——一个利益丰厚、大权在握的职位。

1458年加里斯都三世过世后，罗德里戈的崛起势如破竹，在教会里呼风唤雨。罗德里戈尽管身材臃肿，但富可敌国，魅力四射，风流好

▲ 文艺复兴时期，很少有女性能像卢克雷齐娅·波吉亚那样名誉扫地

教皇之女

卢克雷齐娅在她父亲罗德里戈·波吉亚成为教皇时年仅十二岁。尽管她是私生女，但父亲却承认并接纳了她，还试图通过联姻改变她的命运。因此，1493年，她与乔凡尼·斯福尔扎成婚。不过，乔凡尼与卢克雷齐娅的父亲和兄弟争吵后离家出走，后来还散布卢克雷齐娅与其父有染的谣言，致使这段婚姻于1497年破裂。

后来，卢克雷齐娅嫁给比斯塞格里（Bisceglie）公爵阿拉贡的阿方索。这段姻缘幸福如初，但因阿方索与恺撒·波吉亚发生矛盾而劳燕分飞。1500年，卢克雷齐娅的哥哥在罗马将其丈夫杀害。

卢克雷齐娅的最后一位丈夫是费拉拉公爵之子阿方索·德斯特（Alfonso d'Este）。阿方索一开始就对与波吉亚家族联姻持谨慎态度，最终幸运地摆脱了与这个家族的负面关联。1503年，教皇父亲去世后，卢克雷齐娅的政治角色落下帷幕。

1519年，卢克雷齐娅去世。其短短三十九年的一生充斥着无数流言蜚语。许多同时代人认为她和父兄乱伦，她的孩子是私生子，对她投毒谋杀亲夫的说法深信不疑。尽管在雄心勃勃的父兄权力上升之路上她仅仅是一枚棋子，但她至今仍然声名狼藉。

▲ 教皇亚历山大六世因世俗生活方式而非对教会的奉献而闻名。他竭尽所能为波吉亚家族谋取利益

▲ 朱莉娅·法尔内塞是教皇亚历山大六世的情妇。她利用自己的影响力使哥哥成为红衣主教

色,以浮华不凡的形象闻名于世。在担任红衣主教期间,他还育有六子,支撑着一个庞大家族。六个儿子都试图凭借父亲的影响力来谋求自己的事业发展。

　　1484年之后,洛伦佐·德·美第奇很快就赢得了新晋教皇英诺森(Innocent)八世的信任,不遗余力地扩大美第奇家族在罗马的影响力。1487年,洛伦佐让女儿玛达莱娜嫁给教皇之子弗朗切斯凯托·奇博(Franceschetto Cibo),让女儿带去了高达四千弗罗林金币的丰厚陪嫁,并从

▲ 波吉亚家族第一任教皇加里斯都三世利用自己的影响力在罗马提升家族地位

▲ 洛伦佐·德·美第奇花费巨资结交教皇英诺森八世,以扩大自己在罗马的势力

63

> 在无能的教皇英诺森八世任内,教会腐败不堪,混乱加剧。

美第奇家族在罗马的银行额外拨款七千弗罗林金币给女婿。作为回报,英诺森八世继续对洛伦佐垂青有加,让洛伦佐获利颇丰。婚后不到两年,1489年3月,洛伦佐十三岁的儿子乔凡尼就被封为红衣主教。一个月后,洛伦佐借给英诺森八世十万杜卡特金币,以示投桃报李。

在美第奇家族扩大在罗马教廷影响力的同时,罗德里戈·波吉亚在教会中的地位正迅速攀升。他稳坐教会副教长的职位,通过这个职位和其他职务敛财无数。罗德里戈虽宣誓过圣洁生活,但实际上,他的生活离经叛道。时人对他评价道:"美貌女子对他的吸引力比磁石对铁还要大。"罗德里戈荒淫无度,教皇庇护二世曾致函给他,提及其参与狂欢的传闻,抱怨道:"我所听闻的事情让我脸红,实在不便列举。"

罗德里戈挥金如土。他在罗马的宫殿被誉为红衣主教最华丽的宅邸,挂满名贵壁毯,奢华家具充斥其中,仆从约有两百名之多,身着制服为其服务。尽管纵情享受尘世奢靡,但教会却视其才智过人。

然而,在无能的教皇英诺森八世任内,教会腐败不堪,混乱加剧。当1492年7月教皇驾崩之时,没有多少人心存追念。红衣主教们一致认为继任者应当是一位作风强势之人。经过四天多的悬而未决,1492年8月11日,终于宣布了新教皇的任命。新教皇就是罗德里戈·波吉亚,他决定以亚历山大六世为自己的名号。据说,他在梵蒂冈的窗前兴奋地喊道:"我乃教皇!我乃教皇!"

身为西班牙人,罗德里戈成为教皇实属出人意料,毕竟大多数教皇都是意大利人。有传言说,并非所有人都支持他当选,是罗德里戈·波

▲ 起初,教皇亚历山大六世偏袒米兰大公卢多维科·斯福尔扎,从而损害了美第奇家族的利益

▲ 拥有那不勒斯王位继承权的法兰西国王查理八世引发了对意大利的战争

吉亚对红衣主教们大举行贿买下教皇一职的。后来成为教皇利奥十世的红衣主教乔凡尼·德·美第奇对选举结果深感沮丧，声称"现在我们身处豺狼之治，这只狼或许还是世上最贪婪之狼。如果我们不肯逃走，他必然会将我们一并吞噬"。在亚历山大六世担任教皇期间，美第奇家族始终持这种观点，两个家族的关系不睦可见一斑。

红衣主教乔凡尼·德·美第奇并未接受新教皇的贿赂，因为他哥哥皮耶罗要求他支持秘密会议上力主那不勒斯派的红衣主教朱利亚诺·德

▲ 瓦诺莎·德·卡塔内是陪伴亚历山大六世时间最久的情妇，也是他四个孩子的母亲

拉·罗韦雷（Giuliano della Rovere）。罗德里戈的当选对美第奇家族来讲不啻灾难，一夕之间，他们与教皇英诺森八世费尽心机建立的稳固关系不复存在。

尽管皮耶罗亲自前往罗马，代表佛罗伦萨使团向新教皇表示祝贺，但亚历山大六世明显并未像前任那样对他高看一眼。翌年，教皇将女儿卢克雷齐娅·波吉亚嫁给乔凡尼·斯福尔扎。这位米兰大公卢多维科·斯福尔扎的堂兄也是皮耶罗的死敌。皮耶罗与阿方西娜·奥尔西尼联姻，阿方西娜出身于罗马大贵族奥尔西尼家族。这个家族与教皇亚历山大六世争斗不止。

1493年9月，亚历山大六世决定任命十三位新红衣主教，以确保他获得罗马教廷红衣主教团的支持，此举史无前例。他新任命的一位红衣主教是他十八岁的儿子恺撒·波吉亚（Cesare Bogia）。据说美第奇家族的盟友、红衣主教朱利亚诺·德拉·罗韦雷得知此事后，"怒不可遏地

▲ 一开始，教皇亚历山大六世支持阿方索二世继承那不勒斯王位

咆哮"。恺撒·波吉亚后来辞去红衣主教一职，转而投身军旅和政治生涯。其实，尽管当时对红衣主教的职位要求并不严苛，但他也的确不太适合这个职位。当亚历山大六世听到有人反对他的红衣主教任命时，愤然说道："任由他们看看，究竟谁是教皇？"

15世纪末，意大利政局日益动荡，皮耶罗与那不勒斯的联盟也危如累卵。法兰西查理国王八世自立成为那不勒斯的合法国王，到1493年末，他宣布有意重夺那不勒斯君主之位。卢多维科·斯福尔扎公开支持查理八世，亚历山大六世似乎也倾向支持法兰西。皮耶罗也面临困境：佛罗伦萨人越来越不看好他与那不勒斯的结盟。

1494年8月，查理八世率军在前往那不勒斯的途中经过佛罗伦萨，请求皮耶罗放行遭拒。于是，查理八世兴师问罪，将佛罗伦萨商人逐出法兰西。关于战事将近的流言在佛罗伦萨传得沸沸扬扬。10月，再次拒绝了法军的通行请求后，皮耶罗亲自前往法兰西军营与查理八世谈判，放弃了比萨和其他佛罗伦萨的领土以换取和平。

1494年11月，皮耶罗、红衣主教乔凡尼等美第奇家族成员被执政团逐出佛罗伦萨。人群齐声高呼"人民要自由！"。11月17日，查理八世携一万一千人的大军亲临佛罗伦萨，受到

▲ 皮耶罗·德·美第奇缺乏政治才能，遭到法国人羞辱后被逐出佛罗伦萨

▲ 声名狼藉的亚历山大六世之子恺撒·波吉亚更适合过世俗生活，于1498年辞去红衣主教一职

热烈欢迎。这位国王很快与佛罗伦萨新政府签约，要求皮耶罗及其兄弟们远离佛罗伦萨至少一百六十千米。

与皮耶罗相比，亚历山大六世更精通权术。起初，他试图与那不勒斯和法兰西都保持友好关系，最后转而宣布支持那不勒斯的阿方索二世（1494年阿方索继承了其父斐迪南一世的王位）。阿方索二世加冕后，作为回报，将自己的私生女阿拉贡的桑夏（Sancia）嫁给了亚历山大六世年仅十二岁的儿子乔弗雷（Gioffre）。

然而，这桩联姻给亚历山大六世带来了灾难性后果。法兰西军队气势汹汹向罗马开来。在民众请求他撤离罗马时，这位教皇与法兰西国王达成和解，于1495年1月25日签署了一项和约。次日，阿方索二世退位。一个月后，法国人占领那不勒斯王国。此时，亚历山大六世面临极大压力，为驱逐法军撤离意大利，他于1495年3月与威尼斯、米兰、西班牙和神圣罗马帝国结盟。同年11月，法军被驱逐出那不勒斯王国。在1494—1495年的大部分时间里，亚历山大六世的政治活动主要是为保住自己的权位，但他很快将注意力转回佛罗伦萨。在佛罗伦萨，一位思想激进的多明我会修道士领导人吉洛拉谟·萨伏纳洛拉建立了神权政府。

和大多数佛罗伦萨人一样，萨伏纳洛拉保持亲法立场。因此，美第奇家族第一次发现自己与亚历山大教皇有相同的政治追求，尽管他们没有合力行动。1497年4月，皮耶罗带领两千人的军队回到佛罗伦萨。尽管萨伏纳洛拉的统治不受

▲ 阿拉贡的桑夏通过与乔弗雷·波吉亚联姻，说服了岳父教皇亚历山大六世支持父亲那不勒斯的阿方索二世

欢迎，但他并没有像自己预期的那样看到民众起义。不过很快，他惊诧地发现自己的政敌卢多维科·斯福尔扎竟在全力游说，意图在佛罗伦萨建立由皮耶罗的堂兄弟洛伦佐和乔凡尼·迪·皮埃尔弗朗切斯科·德·美第奇领导的新政权。这二位与卢多维科·斯福尔扎有姻亲关系。

亚历山大六世也在想方设法来除掉萨伏纳洛拉，于1497年5月将他逐出教会。亚历山大六世还向佛罗伦萨执政团施压，威胁倘若他们不铲除萨伏纳洛拉，将向佛罗伦萨发布禁行圣事令。鉴于教会禁令属于严重警告，这一威胁起到了预期效果。1498年4月8日，萨伏纳洛拉被捕，经过审判，于5月23日被绞死，尸体被焚烧。虽然推翻萨伏纳洛拉是亚历山大六世主动所为，但此举并非为皮耶罗着想。此时，皮耶罗仍然在佛罗伦萨之外流放。

1498年秋，美第奇家族终于与波吉亚教皇联合起来。当时，亚历山大六世表示支持新登基的法兰西国王路易十二入侵意大利，以换取法兰西支持在意大利北部为其子建立一个新国家。路易十二声称自己是米兰大公，1499年9月1日夺取了米兰公国，迫使卢多维科·斯福尔扎逃亡。仍然希望重返佛罗伦萨掌权的皮耶罗加入了亚历山大六世之子恺撒·波吉亚的军队，而这支军队得到了路易十二援助的六千名法兰西雇佣军。作为回报，恺撒·波吉亚承诺待战役打完后就替皮耶罗进攻佛罗伦萨。他希望通过恢复美第奇家族的统治，来确保托斯卡纳大区成为自己新领土的盟友。恺撒·波吉亚身患梅毒，声名狼藉，但他作为军事家成就卓著。为当世俗亲王，他放弃了红衣主教

▲ 恺撒·波吉亚、其父亚历山大六世或妹妹卢克雷齐娅递过来的酒极有可能已经下毒。这幅19世纪的画作描绘的就是这样一种危险场景

的职位。1500年5月，恺撒·波吉亚的军队挥师佛罗伦萨，展开大举进攻。佛罗伦萨执政团同意谈判。他们断然不能容忍美第奇家族的回归，于是，恺撒·波吉亚得到了三万六千枚弗罗林金币，心满意足地命令撤军。

但在皮耶罗的敦促下，1502年6月恺撒·波吉亚再度入侵，夺取了佛罗伦萨城市阿雷佐（Arezzo）。波吉亚的军队以美第奇家族的名义继续攻占佛罗伦萨的城镇，直到法兰西代表佛罗伦萨执政团出面干预。佛罗伦萨执政团意识到，尽管美第奇家族目前获得的民众支持有限，但他们的声名足够显赫，"足以成为我们的劲敌对付我们的有用工具"。波吉亚家族与美第奇家族之间的结盟关系是脆弱的，这一点在1503年6月便凸显出来，当时亚历山大六世任命了弗朗切斯科·索代里尼（Francesco Soderini）为红衣主教。他是佛罗伦萨现任统治者的兄弟。

1503年8月18日，教皇亚历山大六世突然辞世，波吉亚家族的命运急转直下。教皇去世后不久的1503年12月27日，皮耶罗不幸落入河中，溺水身亡。随着哥哥的去世，红衣主教乔凡尼·德·美第奇成了家族的实际领袖，他立即试图在罗马扩大影响力。1513年，两大家族的命运都发生了惊人逆转。乔凡尼·德·美第奇当选为教皇利奥十世，声称"上帝把教权赐予我们。让我们好好享受吧"。现在，他有能力选择善待波吉亚家族还是对其置若罔闻。1519年，利奥十世以价值六百杜卡特的金花瓶作为交换，任命卢克雷齐娅·波吉亚的九岁儿子为米兰大主教。

由于教皇利奥十世的影响力，美第奇家族得以重新成为佛罗伦萨的统治者。而波吉亚家族则几近绝嗣。1507年，恺撒·波吉亚战死沙场，他所创建的国家已经名存实亡。在两个家族之间漫长的权力斗争中，美第奇家族最终大获全胜。

金融大鳄

银行业是美第奇家族财富的基础。
但在短短几年之内,他们的银行业务和家族繁荣便被一扫而空

作者:伊丽莎白·诺顿

美第奇家族的财富源于金融,早期的家族成员主要以放贷为生。美第奇家族因从事银行业声名鹊起,其崛起如流星般灿烂,但最终陨落至暗淡无光。

早在13世纪初,佛罗伦萨就已成为欧洲的信贷中心。为跻身银行业,美第奇家族花费了数年时间。时至1300年,美第奇家族终于成为佛罗伦萨银行家行会的一员,银行办公室设在佛罗伦萨老市场附近,离自家的宫殿不远。一开始,美第奇家族银行业务规模相对较小,但自14世纪初,随着家族财富迅速膨胀,美第奇家族开始涉足意大利各地的贸易活动。

贯穿14世纪,美第奇家族成员陆续建立起金融公司。这些公司各自独立,但通过家族关系联结成网,相互支持。1360年,乔凡尼·迪·比奇·德·美第奇出生。父亲离世时,他并未继承大量财富,然而凭借亲戚维埃里·德·美第奇(Vieri de' Medici)的支持,他得以在家族银行业中站稳脚跟。起初他在罗马任职,担任美第奇银行分行经理,管理罗马天主教廷存款。他与其他美第奇银行支行也有密切合作,包括其弟弗朗切斯科在意大利各地的支行。1397年,乔凡尼将美第奇银行总部迁回佛罗伦萨,同年4月将这个新银行在佛罗伦萨银行家行会登记注册。人们通常认为1397年4月是美第奇银行正式诞生之时。

最初,乔凡尼的美第奇银行规模不大。他出资六千弗罗林作为银行原始资本。他的合伙人贝内代托·德·巴尔迪(Benedetto de' Bardi)则提供了两千弗罗林。他们约定按照出资比例来分享银行利润,巴尔迪留在罗马,管理罗马教廷的

美第奇银行一跃成为欧洲最著名的银行,各个分行成为当地商业活动的中心

英格兰与美第奇银行

随着向爱德华四世的贷款不断升级,美第奇银行伦敦分行很快就债台高筑

▲ 爱德华四世用武力夺得了英格兰王位,但需要大量资金来保住王位

15世纪上半叶,美第奇家族在伦敦创立了美第奇银行分行。自1446年起,佛罗伦萨商人格拉尔多·卡尼吉亚尼(Gherardo Canigiani)就在那里工作。1465年,他出任分行经理,并注入三百英镑的资本金。此时,卡尼吉亚尼已经向英王爱德华四世发放了若干贷款,两人之间过从甚密。1461年,爱德华四世夺取了兰开斯特国王亨利六世的王位。他一直急需资金,麾下的贵族们也纷纷向卡尼吉亚尼借款。在卡尼吉亚尼成为分行经理后,美第奇银行伦敦分行贷款的总额和频率暴增。1466—1471年,对爱德华四世的贷款总额超过两万六千英镑。尽管其中部分贷款得偿,但美第奇家族对于爱德华四世的借贷金额深感忧虑。因此在1468年,美第奇家族差遣安吉洛·塔尼前往伦敦调查。1472年,洛伦佐·德·美第奇又派出另一名代理人前往伦敦,紧接着在次年将卡尼吉亚尼免职。

然而,由于英格兰江山不稳,完全偿还贷款不大可能。1470年,爱德华四世曾短暂失去王位,亨利六世重新登基,而亨利六世的支持者们也欠下了美第奇银行的贷款。虽然外交家菲利普·德·康明(Philippe de Commines)称赞卡尼吉亚尼是"完全凭自己的信誉保住爱德华四世王位的人",但美第奇家族几乎没有得到丝毫慰藉。时至1478年,洛伦佐·德·美第奇已经在伦敦分行造成了巨额亏损,总额约一万四千英镑。

美第奇分行。起初,他们并不算非常成功,十八个月的净利润为一千两百弗罗林。但到了15世纪,美第奇银行已经拥有三家分行,分别位于佛罗伦萨、罗马和那不勒斯,雇用了十三名员工。1402年,美第奇银行的第四家分行在威尼斯开业。很快,美第奇银行就成为意大利最富有的银行。

美第奇银行业务范围广泛,合伙协议规定了各个分行的经营宗旨:"凭借上帝和好运的眷顾,从事汇兑和商品交易。"1402年,乔凡尼在佛罗伦萨购买了一家羊毛织造厂,并很快扩大了家族的其他投资。美第奇银行分行还大量从事奢侈品买卖。例如,15世纪后期,位于布鲁日的美第奇银行分行经理可能需要收购一些挂毯和马匹,将其卖到意大利以牟利;有时会在当地修道院寻找有价值的手抄本,发掘可以加入教皇唱诗班的男童;有时也会从尼德兰和英国的市场购买布料以出口到意大利。此外,还可以代表客户或其他美第奇银行分行购买商品,由他们承担风险。1441年,布鲁日的美第奇银行分行经理觉得可以通过生姜交易获利,威尼斯分行就为布鲁日分行购买了生姜。

美第奇银行的各个分行还接受客户的定期存款并支付利息。存款者多为显要人物,美第奇银行的高利率打动了他们。他们此举也是为了保障个人财产安全,不受当地贵族的掌控。美第奇银行的客户包括意大利贵族,以及如法兰西和勃艮第(Burgundy)宫廷等来自更远地方的重臣。这些大客户对美第奇家族扩大政治影响力有所助益。

放贷也是美第奇银行的重要利润来源。银行向高层教士和王公贵族借出大笔资金,因为很多债务从未偿还,故而风险颇高,但借贷业务也在这个时期巩固了美第奇家族与教会和各方政治领袖之间的持久关系,确保了家族的政治影响力。

乔凡尼慧眼识人,能够明辨谁能在教会崭露头角。他与巴尔达萨雷·科萨早有来往,私交甚密。1389年,巴尔达萨雷·科萨出任教皇财务官。1402年,这位曾经当过海盗的那不勒斯贵族把从美第奇银行借来的一万弗罗林转手借给教皇,擢升为红衣主教。这对科萨和美第奇家族来说都是一笔巨大的投资。1403年,科萨担任博洛尼亚教皇代表后不久,乔凡尼便随其前往,担任教皇驻该城的特使。两人的事业紧密相连,1404年,乔凡尼还借给这位红衣主教近九千弗罗林。

当时罗马教权动荡,有三名竞争对手竞逐教皇之位。1410年,科萨荣任教皇,即约翰

▲ 这幅画作描绘了14世纪的意大利银行家。当时的人们把放高利贷视为罪孽,因此中世纪的银行家备受教会鄙夷

投资确保了美第奇家族的政治影响力。

二十三世。乔凡尼的银行成为这位新教皇的金主，约翰二十三世以价值连城的教皇牌位和其他资产担保巨额债务。1415年，康士坦斯大公会议罢黜了约翰二十三世。美第奇家族虽然丢掉了教皇银行家这一有利可图的角色，但这并未动摇家族的财运。美第奇银行已迅速积累起巨额财富，成为佛罗伦萨银行界的名门望族之一。1397—1420年，乔凡尼个人利润总额超过十一点三万弗罗林。

乔凡尼亲自管理银行。他因精力充沛、才能卓越而成为一代传奇。知人善任的他在选择分行负责人时很少出错。即使出现了错误，他也能及时纠正。当乔凡尼发现威尼斯分行的经理内里·托纳昆钦奇（Neri Tornaquinci）违反了与自己的合约，发放未经担保的大额贷款，还伪造银行账目时，乔凡尼立即将其免职。

1420年，乔凡尼的商业伙伴贝内代托·德·巴尔迪去世，两人的合作协议终止。乔凡尼趁机重组银行，正式让其两个儿子科西莫和洛伦佐成为合伙人。然而，银行大权仍由乔凡尼本人牢牢掌控。同年晚些时候，他又获得了再次担任教皇银行家的机会。

1429年2月20日，乔凡尼去世，享年六十九岁。凭借在银行业的成功，他成为佛罗伦萨最富有和声望卓著的公民之一。1420—1435年的15年间，美第奇银行总利润超过十八万六千弗罗林。乔凡尼的投资兴趣主要集中在意大利，但他的儿子科西莫将美第奇银行打造成国际银行，佛罗伦萨美第奇宫就是银行总部，科西莫在此运筹帷幄。

父亲去世时，科西莫已近不惑之年，有着良好的金融教育背景。他继承了家族对意大利银行各分行的控制权，其中因得益于教皇的银行业务，罗马分行利润最为丰厚。在他的领导下，美第奇银行迅速扩张，先后在比萨、米兰、日内瓦（后迁至里昂）、巴塞尔、阿维尼翁、布鲁日乃至伦敦设立了分支机构。对于未设有美第奇银行分行的城市，美第奇家族则会派代理人与客户开展业务。

虽然所有分行都以美第奇家族的名义进行交易，但实际上它们并非以公司形式运营。各个分支机构都是独立的合伙企业，不过美第奇家族始

▲ 在1429年父亲去世后，科西莫·德·美第奇接管了美第奇银行，并将银行业务拓展至全欧

▲ 在洛伦佐·德·美第奇的领导下,弗朗切斯科·萨塞蒂是美第奇银行的实际运营者,但他终究未能挽狂澜于既倒,扶大厦之将倾

终掌握着控制权，保留了商标权及终止与其他合伙人关系的权利。截至1458年，科西莫已成为十一个企业的合伙人，包括佛罗伦萨银行的主要分支、各类纺织工厂，以及遍布意大利和北欧的其他美第奇分行。他并不是罗马梵蒂冈的美第奇银行支行的合伙人，因为该支行由他的儿子们持有，在他的授权下运营。分行采用合伙制，如遇人员更迭，银行合伙人就得解散重组。当时，这种频繁变动的复杂合伙关系运行起来困难重重。

分行经理在各自机构中拥有相当大的控制

冒险下注

在风险颇高的金融世界里，美第奇并非唯一一个敢于豪赌的佛罗伦萨家族

巴尔迪家族

巴尔迪家族是13、14世纪佛罗伦萨领军的商人和国际银行家。巴尔迪家族与佩鲁齐（Pezuzzi）家族联手借给爱德华三世一百余万弗罗林金币，以资助他与法兰西的战争。1345年爱德华违约，巴尔迪家族走向破产。

佩鲁齐家族

佩鲁齐家族也因向爱德华三世提供巨额贷款以资助他的对法战争而惨遭牵连。尽管佩鲁齐家族是佛罗伦萨的重要政治家族，但他们的银行在爱德华三世和那不勒斯国王违约后垮掉，1343年倒闭。

萨尔维亚蒂家族

为拓展商业利益，富有的萨尔维亚蒂家族也涉足了银行业，15世纪中期，除在佛罗伦萨和比萨设立分行外，还在伦敦和布鲁日设立了分行。和美第奇家族一样，这个家族也是商人银行家，在英国购买羊毛以用于佛罗伦萨的毛织工厂。

帕齐家族

帕齐家族是美第奇家族的主要竞争对手。1478年，弗朗切斯科·德·帕齐策划暗杀洛伦佐·德·美第奇和他的兄弟朱利亚诺。朱利亚诺伤重，不治身亡，但洛伦佐幸免于难，随后对帕齐家族展开了报复。帕齐家族遭到放逐。

斯特罗齐家族

因步入银行业，斯特罗齐家族一度成为佛罗伦萨最富有的家族。1434年美第奇家族被流放出佛罗伦萨后，这个家族成为美第奇家族的激烈竞争对手。在美第奇家族重返佛罗伦萨后，两大家族屡次通婚，从而结束了他们之间的敌对关系。

在科西莫治下，美第奇银行业务开始迅速扩张。

权，毕竟美第奇家族难以随时随地监督一切。科西莫为分行设定规则，对重大事项亲自决策，最为重要的是，他亲自挑选银行经理人。这些经理人都是各自分行的合伙人，但合伙协议在经济上存在着不平等。作为高级合伙人，美第奇家族保留了所有权利，而那些低级合伙人则要承担起分行的运营责任。所有决策均须经过美第奇家族同意，一旦经理人令其不满，合伙协议就有可能终止。考虑到职位的重要性，获得晋升的经理人往往是那些银行业务中的出类拔萃者。例如，托马索·波蒂纳里（Tommaso Portinari）在四十岁前后成为布鲁日分行经理之前，已经在银行界供职二十五年。佛罗伦萨的总行则想方设法密切监督其他分行，经理每两三年就要回到佛罗伦萨接受指示并报告业务情况。

在确立新合伙关系时会签署规定了经理人责权的协议。美第奇家族的族长科西莫并不总是直接签署这些协议，尽管外人心知肚明，真正的权力掌握在他手中。例如，1455年，有一位新经理被任命到美第奇银行布鲁日分行工作，科西莫的两个儿子和侄子作为合同的一方，代表美第奇家族利益。将要离职的分行经理和新上任的经理均参与了合同签署。合同明确规定新经理安吉洛·塔尼（Angelo Tani）任期四年，负责在佛兰德斯的布鲁日进行货币兑换和商品贸易业务。

美第奇银行布鲁日分行将以美第奇家族和将要离职的经理吉罗佐·德·皮格利（Gierozzo de' Pigli）的名义进行交易。皮格利须直接向科西莫报告业务开展情况。美第奇家族的出资额占到银行原始投资的百分之五十以上，总计超过三千个格罗特（groat）[①]。作为回报，美第奇家族将获得百分之六十的利润，剩下的百分之四十将平均分给即将离职的经理和新任经理。这对于新经理安吉洛·塔尼来说非常有利，因为他的出资额仅占到总投资的百分之十五。这是对他将要负

[①] 欧洲旧时银币。

▲ 1397年，乔凡尼·迪·比奇·德·美第奇创立了美第奇银行

▲ 科西莫之子皮耶罗继承了已经开始日渐式微的美第奇银行

责银行经营的认可，也是为激励其创造更多的利润。在四年合同期内，除微不足道的年薪外，安吉洛·塔尼不得从银行支取任何利润或资金，这进一步激励其为分行的业绩而努力。

根据合同规定，新任经理安吉洛·塔尼必须住在布鲁日，尽管他可以观摩安特卫普（Antwerp）和卑尔根奥松姆（Bergen op Zoom）等地的交易会，也可以前往伦敦、加莱（Calais）或米德尔堡（Middelburg）出差，但他必须确保自己"合法经商，诚实兑换"。

根据合同，塔尼可以在认真评估商人和工匠的声誉和地位的前提下向他们提供贷款或信贷，但不能向王孙贵族提供贷款，亦不可给贵族和教会人士赊销外汇。他们必须现款现买。在合同期内，塔尼不得以个人名义进行交易或从事业务活动。为确保分行不承受过大风险，他每年在英国或佛兰德斯购买羊毛或布料的开销不能超过六百个格罗特，除非经高级合伙人同意。所有货物运输须由分行经理购买适当保险，尽管他可以自由裁量是否为陆路运输的货物购买保险，但每次保险金额不能超过三百个格罗特。

合伙协议旨在保障美第奇家族利益，确保分行经理在涉足高风险业务时必须征求他们的意见。像他父亲一样，科西莫不辞辛劳，密切留意着各个分支机构的账簿。根据布鲁日分行和其他分行合伙协议的规定，资产负债表每年都须寄给高级合伙人，封账日期截至3月24日，即传统的岁末。高级合伙人还享有随时查阅资产负债表的权利，以确保自身利益得到切实保障。科西莫希望通过这些措施来保障其银行持续盈利，避免坏账的发生。

合伙协议赋予科西莫很大的权力。他可以解雇任何令他不满的分行经理，职员则对科西莫言听计从。他在商业运作方面眼光敏锐，知人善任，就像他父亲一样睿智。有生之年，科西莫显然对布鲁日分行副经理托马索·波蒂纳里存有戒心，始终不肯将其提升为合伙人。这份谨慎最终

▶ 1455年，安吉洛·塔尼成为美第奇银行布鲁日分行经理。自1450年以来他一直在那里担任代理人

▲ 托马索·波蒂纳里对勃艮第公爵"无畏者"查理的贷款导致美第奇银行布鲁日分行的破产

证明是正确的,因为科西莫去世后,波蒂纳里晋升为分行经理后,向勃艮第公爵"无畏者"查理发放贷款,亏损近一万个格罗特。查理去世后,大部分贷款无法偿还,波蒂纳里随后又向查理女婿、奥地利的马克西米利安(Maximilian)发放贷款,结果同样未能收回。科西莫去世后,对分行经理的管控逐渐放松,最终成为导致美第奇银行破产的决定性因素。

科西莫对美第奇银行分行紧盯不放,但他本人并未涉足日常银行业务。他的主要关注点是政治和艺术。佛罗伦萨分行由科西莫最亲密的朋友之一弗朗切斯科·因格拉米(Francesco

Ingherami)负责管理。在科西莫去世前后,佛罗伦萨分行转由弗朗切斯科·萨塞蒂(Francesco Sassetti)经营。此前,萨塞蒂曾任阿维尼翁分行经理,15世纪50年代转任日内瓦分行经理,1458年加入佛罗伦萨分行,起初作为因格拉米的助手,后来独自担任经理之职。

在科西莫长子皮耶罗治下,萨塞蒂在美第奇家族银行中的地位逐渐上升。皮耶罗在努力平衡着政治责任和金融抱负,他比父亲更加谨慎。1464年,他下令停止布鲁日分行向勃艮第公爵发放贷款,同年收回部分借给佛罗伦萨知名客户的贷款,进而导致金融危机的爆发。尽管美第奇家族的生意仍算稳定,但其财富开始下滑。1469年12月,皮耶罗辞世,身后将美第奇家族银行的掌控权留给了年仅二十岁的儿子洛伦佐。

虽然洛伦佐聪颖过人,颇具领袖气质,但在经商方面的表现却左支右绌。他对美第奇家族银行不抱兴趣,将管理工作全都交给弗朗切斯科·萨塞蒂负责。但萨塞蒂忽视了银行的运营,没有察觉到里昂分行经理在伪造账目,导致

▲ 位于布鲁日市中心的布拉德林庄园(Hof Bladelin)曾是美第奇银行布鲁日分行的所在地

对分行经理的管控逐渐放松,最终成为导致美第奇银行破产的决定性因素。

▲ 教皇英诺森八世任命洛伦佐·德·美第奇十三岁的儿子为红衣主教后不久,美第奇银行向他借出了十万杜卡特

该行于1488年濒临破产。也正是萨塞蒂任命托玛索·波蒂纳里担任布鲁日分行经理，允许他给勃艮第公爵的贷款额度超出该行总资本的两倍还要多。

15世纪后期，欧洲的金融状况不断恶化。金价对白银的贬值给美第奇银行带来尤为沉重的打击，不仅导致美第奇银行存款利息增加，而且降低了贷款保证金的价值。生活奢华无度、靠山吃山的洛伦佐经常从美第奇银行提款，金额超出他对银行的贡献。对外国王公贵族的高风险贷款使银行进一步捉襟见肘，入不敷出，美第奇家族只得日益依赖借款来满足资本需求。洛伦佐动用公共资金来维持佛罗伦萨银行的运营引起了众怒。

美第奇银行惨淡经营的状况不可能无限期持续下去。1464年，科西莫去世时，美第奇银行伦敦分行已经岌岌可危，最终在1478年公开宣布亏损，解散了合伙公司。威尼斯分行也于1470年破产。面对惊人的坏账，布鲁日分行合作伙伴关系也于1478年结束。截至15世纪90年代，一直以来最盈利的罗马分行也面临着财务崩溃的风险。不过，1489年，罗马分行仍然向教皇英诺森八世提供了十万杜卡特的贷款。在此数周前，这位教皇任命洛伦佐的幼子乔凡尼为红衣主教。

1494年，美第奇银行日暮途穷。一群暴徒闯进佛罗伦萨的美第奇宫，焚烧了银行的所有账目。随着佛罗伦萨新政府暂时终结了美第奇家族的统治，解散了美第奇银行，所有分行都被关闭，曾经辉煌一时的美第奇银行就此踪迹难觅。

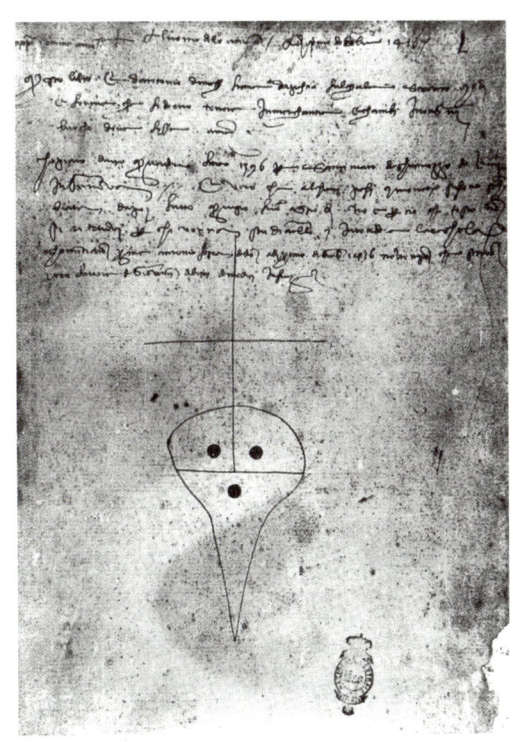

▲ 文件上印有美第奇银行的徽记，足以证明其真实可信

▲ 1420年，教皇马丁五世任命美第奇银行为教皇银行。美第奇罗马分行成为最赚钱的分行

美第奇家族：文艺复兴教父

美第奇家族崛起之时，恰逢欧洲艺术和思想复兴之始。
美第奇王朝成为促进这场文化变革的主要推手之一

作者：琼·伍乐顿

美第奇家族不仅对赚钱饶有兴趣，对花钱的兴致更为浓厚。没有什么比成为艺术赞助人更让他们深感愉悦的了。佛罗伦萨这座由他们所掌控的城市成了艺术圣殿，各种美轮美奂的建筑、雕塑和画作点缀其中。这个家族对文化的热情得以彰显和释放。除了资助艺术家，美第奇家族还慷慨解囊，扶持了多名作家和思想家。因理念不同而遭教会攻击者也将政治经验丰富的美第奇家族视为挚友。美第奇家族不仅大量收藏艺术品，更是以其雄厚财力和学术热情，不遗余力地推进思维革命、创作变革和信仰革新，不啻文艺复兴的中流砥柱。

"文艺复兴"这个概念是后来历史学家所创，指的是14—16世纪席卷欧洲艺术、科学及哲学领域的变革运动。这场肇兴于佛罗伦萨的运动彻底改变了欧洲的面貌。文艺复兴不仅见证了艺术理念和艺术创作实践的变革、恢宏建筑的诞生，也亲历了崭新宗教理念和政治思想的萌发。它是对希腊罗马璀璨文明的复兴，古典学者的思想成为文艺复兴思想家的灵感来源。这场运动标志着欧洲从中世纪向现代的转变。从肇始到传播，这场运动都与美第奇家族密不可分。

文艺复兴的发展与美第奇王朝的崛起交相辉映。14世纪初，当乔凡尼·迪·比奇·德·美第奇喜掘第一桶金时，佛罗伦萨和托斯卡纳的艺术家们便开始了创作，一派革新精神。14世

美第奇家族委托波提切利创作的画作《春》绘制于文艺复兴兴盛期，恰似一则春天的寓言

▲ 美第奇宫内部庭院

头10年,出生于佛罗伦萨的但丁用家乡托斯卡纳语而非拉丁语创作了《神曲》,使得普罗大众也能读懂这一著作。但丁的家族朋友中有诗人彼得拉克的父母。彼得拉克在托斯卡纳度过了一段美好时光,研读了西塞罗的信函,发起了文学变革。另一位至关重要的人文主义者薄伽丘也是佛罗伦萨人,一生大部分时间都在这个城市度过。

当乔凡尼创立著名的美第奇银行时,他身处的时代已然涌动着种种新思想大潮。他决定要让家族挺身成为弄潮儿。

乔凡尼对文艺复兴运动的参与虽然低调,却影响深远。在佛罗伦萨美第奇银行成立仅四年之后的1401年,他成为评选佛罗伦萨洗礼堂新门设计方案的评审团成员。最终,该设计委托授

> **科西莫改变了其所统治的城市的面貌。**

推崇。这位艺术家凭借美第奇家族的资助而得以大放异彩。布鲁内莱斯基曾与其好友、雕塑家多纳泰罗一起在罗马共度过一段时光。他们研究了该城著名的建筑废墟。布鲁内莱斯基在罗马的所学对其作品影响深远,进而改变了西方建筑的发展方向。1419年,圣洛伦佐教堂开始重建。乔凡尼委托布鲁内莱斯基设计礼拜堂和旧圣器室;请多纳泰罗为教堂创作雕塑。

这并非布鲁内莱斯基为美第奇家族完成的唯一委托项目。当时,乔凡尼长子科西莫也努力在佛罗伦萨的艺术世界里留下自己的印记,而这座城市将在未来的科西莫王朝中绽放异彩。仍生活在父亲盛名之下的科西莫就已经开始赞助艺术项

予了洛伦佐·吉贝尔蒂。他设计的青铜门共包含二十八个镶板,将《新约》中耶稣故事的一系列场景呈现于上,栩栩如生,备受赞誉。这扇昂贵的门仅青铜材料的成本就高达三万四千杜卡特。虽耗资巨大,但乔凡尼的赞助为美第奇家族成为著名艺术赞助人铺平了道路。

乔凡尼对建筑大师布鲁内莱斯基的作品格外

▲ 由米开罗佐设计的美第奇宫将古典元素与现代创新要素有机结合,多年来一直是艺术家的灵感之源

▲ 法兰西国王查理八世从意大利引入了文艺复兴思想

文艺复兴新思想的传播

文艺复兴思想传播之广、对佛罗伦萨乃至欧洲文化影响之深，使得美第奇家族成为欧洲大陆文化变革的首要赞助人

起初，文艺复兴在佛罗伦萨肇兴，在美第奇家族的庇护下得到蓬勃发展。截至15世纪中叶，这股思潮已经扩散至整个欧洲。

自1450年起，匈牙利成为新思想的温床，匈牙利国王马加什·科尔温（Matthias Corvinus）甚至促使"豪华者"洛伦佐产生了扩大自己图书馆的想法。1476年，马加什与那不勒斯的贝亚特丽切（Beatrice of Naples）成婚，随后吸引了人文主义者安东尼奥·伯菲尼（Antonio Bonfini）等人来到他的宫廷。此外，1518年，在波兰国王西吉斯蒙德（Sigismund）和王后博娜·斯福尔扎（Bona Sforza）的婚礼上，大批来自佛罗伦萨的艺术家应邀来到波兰宫廷，为波兰带来了文艺复兴思想。

贸易也起到了扩散文艺复兴思想的作用。15世纪末，随着意大利文艺复兴艺术作品和思潮沿商业路线流入，文艺复兴艺术和哲学思潮也在低地国家生根发芽。1495年，法兰西国王查理八世入侵意大利北部后，将文艺复兴思想带到了法兰西。仅仅三十年后，法王弗朗索瓦一世就开始邀请包括达·芬奇在内的文艺复兴名流到他的宫廷做客。同时，西班牙和葡萄牙的探险家们在挑战人们对已知世界边界认知的同时，也推动着新思想的传播。

目。正是科西莫支持布鲁内莱斯基设计了佛罗伦萨圣母百花大教堂的穹顶。最终穹顶采用了独创的八角结构，成为史上第一座不使用木质结构支撑的八角穹顶。

科西莫对建筑艺术情有独钟。虽然他一直支持布鲁内莱斯基的创作，但他的至交却是米开罗佐。1396年，这位年轻艺术家出生于佛罗伦萨，当时美第奇家族正在这座城市披荆斩棘，设立银行，积累财富。当洛伦佐·吉贝尔蒂著名的洗礼堂青铜门引发世人惊叹之时，米开罗佐正在洛伦佐·吉贝尔蒂的工作室学习，与当时的新锐艺术家多纳泰罗和乌切洛（Uccello）并肩精进。

乔凡尼逝世后，接掌家族事业的科西莫委托米开罗佐为他在佛罗伦萨市外修建别墅。当科西莫被阿尔比齐家族流放、逐出佛罗伦萨时，米开罗佐追随他一起去了威尼斯共度数月，两人的深厚情谊由此可见一斑。后来，佛罗伦萨民众请求科西莫回城重掌大权，他便出资请米开罗佐为这座见证了二人流亡生涯的水城修建一座图书馆。这座位于威尼斯本笃会修道院的图书馆气势恢宏，随后佛罗伦萨也建了一座相似的建筑。

其后，科西莫委托米开罗佐重建威尼斯圣马可广场的宗教建筑群。1434年工程动工。十年后，在二人倾力合作下，佛罗伦萨第一家公共图书馆面世。米开罗佐为图书馆设计了一间光线充足的房间，以收藏科西莫令人印象深刻的手稿珍品。二人最著名的合作始于1444年，当时科西莫请米开罗佐在佛罗伦萨市中心建立一座家族新宅——美第奇宫。该建筑共三层，设计出类拔萃，融合了古典优雅线条与意大利哥特元素，其石结构楼层和城垛式屋顶成为佛罗伦萨建筑的典范，标志着文艺复兴建筑的重要突破。

科西莫对建筑的热情改变了佛罗伦萨的天际线。他委托修建的林林总总的新建筑内部也蔚为壮观，大量艺术珍品琳琅满目。科西莫还是弗拉·安吉利科的赞助人。1436年，安吉利科搬到了重新装修后的圣马可修道院。科西莫鼓励他对修道院内部进行装饰，他随后创作了15世纪最著名的艺术作品之一《圣母领报》。此画作惟妙惟肖，着力刻画人物情感，受到人们的交口称赞。在科西莫支持下，这位修士又完成了不少名作，包括圣马可祭坛画。

科西莫不仅对弗拉·安吉利科的宗教作品赞誉有加，而且对贝诺佐·高佐利的壁画也颇为赞赏。高佐利在美第奇宫的贤士小教堂中绘制了一幅壁画，描绘的是由美第奇家族相伴而行的东方三贤士朝圣之旅。此外，他还对他父亲青睐的艺术家多纳泰罗委以重任，请他创作青铜雕塑《大卫》和《朱迪思与霍洛芬斯》。这个主题标志着文艺复兴思想的分水岭。雕塑不仅是新现实主义的模范，而且还用人们耳熟能详的故事来传递政治信息。科西莫把这两座雕塑用作视觉标识，以此来唤醒人们对美第奇王朝横空出世的真切记忆。

人文主义思想奠定了文艺复兴许多重大突破的基础。对作为人文主义思想重要资助人的科西莫来讲，他同样关注人们的内心世界。人文主义理念将人置于世界的中心，倡导人们敞开胸怀去拥抱人类所取得的艺术、文学和科学成就。人文主义最受瞩目的倡导者之一当数尼科洛·德·尼科利（Niccolò de' Niccoli）。在科西莫的新藏书楼中，可以看到尼科洛·德·尼科利和列奥纳多·布鲁尼（Leonardo Bruni）的著作相映生辉。

哲学家马尔西利奥·费奇诺与美第奇家族的长期合作也始于科西莫时代。科西莫邀请他领导美第奇家族所创立的新柏拉图学园。这个学园的前身为柏拉图所建立的古老学院，美第奇家族将其复兴，成为讨论、宣介新思想的学术殿堂。

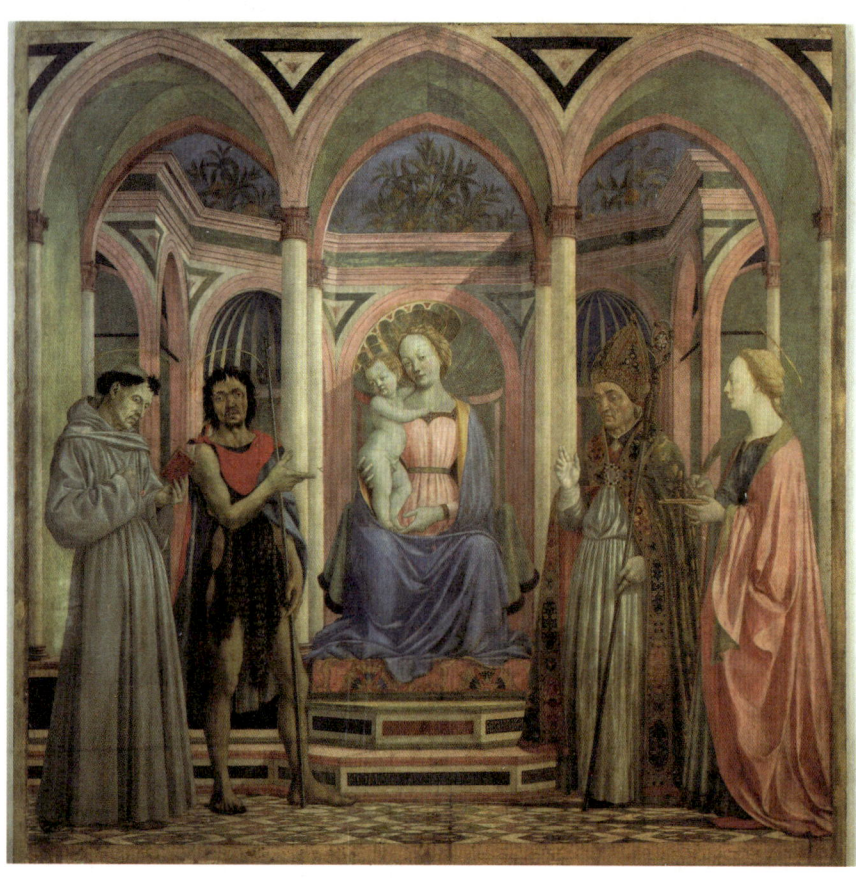

◀ 韦内齐亚诺为圣卢西亚·马戈利教堂创作的祭坛画,大胆摒弃了传统的内框结构,赋予画作以全新的光线和空间效果

文艺复兴时间线

文艺复兴运动始于 14 世纪,在 17 世纪达到巅峰。下面通过一系列具有历史意义的重要时刻来展示文艺复兴的故事。这些时刻永远改变了欧洲的面貌

彼得拉克成为桂冠诗人
1341 年
1341 年,意大利诗人、思想家彼得拉克荣膺"罗马桂冠诗人"称号,从此开启了他备受瞩目的创作生涯。彼得拉克推动了人文主义的发展,将包括西塞罗著作在内的古典著作重新带入欧洲视野。

新思想传入威尼斯
1423 年
弗朗西斯科·福斯卡里当选威尼斯总督,开始了对威尼斯的长期统治。他资助过多纳泰罗等艺术家,将文艺复兴思想引入水城。

美第奇家族成为佛罗伦萨的主人
1434 年
老科西莫·美第奇执掌了文艺复兴的摇篮佛罗伦萨,开始对新思想给予不遗余力的支持,推动了一场文化革命。

新思想涌入
1453 年
奥斯曼帝国攻破君士坦丁堡,标志着拜占庭帝国的覆灭。来自东方的许多伟大思想家移居欧洲西部,他们的思想得以传播。

伟大赞助人的崛起
1469 年
洛伦佐·德·美第奇成为佛罗伦萨掌权者。他的赞助开启了文艺复兴巅峰盛期。

但丁创作《神曲》
1308—1320 年
但丁创作了寓言长诗《神曲》。《神曲》以但丁的母语托斯卡纳语而非拉丁文写就,吸引了全新的读者群。但丁重视个人叙事,从中能够看出古希腊罗马文明对文艺复兴的影响。

未来之门
1401 年
洛伦佐·吉贝尔蒂获得了为佛罗伦萨洗礼堂创作铜门的委托。他的工作室培养出了艺术大师多纳泰罗和米开罗佐。人们将其所创作的数扇铜门誉为文艺复兴的艺术杰作。

古腾堡的印刷机
1455 年
约翰·古腾堡在德意志美因茨(Mainz)印刷了《圣经》。印刷机为文字的传播开辟了一条崭新的道路,使文艺复兴思想传播到整个欧洲。

关于灵魂的理论
1474 年
文艺复兴思想家和美第奇家族的门徒马尔西利奥·费奇诺撰写论文《柏拉图神学》,探讨了灵魂的不朽。然而,他对古代哲学的推崇几乎令人们将其视为异端。

毋庸置疑，科西莫对艺术全情投入，而这种艺术热情也点燃了整个美第奇家族的热情。他的哥哥洛伦佐曾支持布鲁内莱斯基，而他的长子皮耶罗则资助了高佐利。

1464—1469年，文艺复兴在欧洲北部方兴未艾。作为佛罗伦萨的实际统治者，皮耶罗将荷兰和佛兰芒地区艺术家的杰作纳入美第奇家族的艺术收藏。科西莫次子乔凡尼热衷建筑艺术，在其资助下，涌现出雕塑家德斯德里奥·达·塞蒂尼奥诺（Desiderio da Settignano）和画家多明尼科·韦内齐亚诺（Domenico Veneziano）等众多艺术家。韦内齐亚诺同时也受皮耶罗的委托，创作了圣卢西亚祭坛画等杰作。

随着文艺复兴的深入开展，美第奇家族的参与变得日益重要。皮耶罗之子洛伦佐登上权力之巅后，美第奇家族成为佛罗伦萨第一家族，傲视群雄。当时，洛伦佐（后来被称为"豪华者"洛伦佐）的艺术见解颇具影响力。他的只言片语就能影响委托人对艺术家的选择，从而帮助不少艺术家登上了成功巅峰。

洛伦佐本人文化素养极高。他最钟爱的是建筑艺术，这点与老科西莫一样。他最欣赏的建筑师是朱莉亚诺·达·桑伽洛（Giuliano da Sangallo）。这位建筑大师为洛伦佐设计了位于波吉奥·阿恰诺（Poggio a Caiano）的美第奇别墅，以及位于圣加洛（San Gallo）的奥古斯丁修道院。高居佛罗伦萨掌权者之位，洛伦佐的影响无所不在。他主持修建了大量精美建筑，使佛罗伦萨成为文艺复兴的一座闪耀灯塔。

洛伦佐的地位也反映在他于美第奇家族的宅邸中营造的佛罗伦萨文化艺术殿堂。人们不再视美第奇家族为暴发户，而是佛罗伦萨呼风唤雨的显贵。在洛伦佐的府邸中，那个时代最杰出的思

达·芬奇的艺术造诣在洛伦佐资助的工作室里得到了精进。

新视角
1495—1498年
达·芬奇在米兰的圣玛利亚感恩教堂的墙壁上绘制了《最后的晚餐》。在这幅壁画中，达·芬奇生动描绘了耶稣十二门徒各异的神情姿态，在透视法运用上达到了新高度。

艺术为政治代言
1504年
米开朗琪罗充满人文主义精神的雕塑《大卫》问世。这座雕塑摆放在领主宫前，运用艺术传递出这样的政治信息：佛罗伦萨虽小，却也拥有勇于抵抗巨人的意志。

神秘的微笑
1513年
达·芬奇在绘制一位佛罗伦萨贵妇人肖像时，对其进行了精益求精的润色。这幅《蒙娜丽莎》在准确描绘人物方面堪称登峰造极。

驶向未知之域
1519年
斐迪南·麦哲伦的船队扬帆起航，驶往东印度群岛。这位葡萄牙探险家率领西班牙船队成为完成环球航行的首支船队。

罗马之劫
1527年
在罗马之劫中，大量文艺复兴作品和圣像被捣毁。这是一次由神圣罗马帝国叛乱的军队所引发的浩劫，标志着新思想传播的转折点。

科学的重要足迹
1543年
尼古拉斯·哥白尼首次提出日心说，对流行数个世纪的地心说发起了挑战，从而开启了科学思维新时代。

发现美洲大陆
1492年
由西班牙君主斐迪南和伊莎贝拉资助的热那亚探险家克里斯托弗·哥伦布在圣萨尔瓦多登陆，将欧洲的视野扩展到后来被称为美洲的地区。

嘲笑过去
1511年
德西德里乌斯·伊拉斯谟出版了他的讽刺之作《愚人颂》，运用人文主义思想无情批判了欧洲各地教会和世俗生活中长期盛行的迷信和愚昧行为。

哲学新视域
1513年
在美第奇家族赞助下，尼可罗·马基雅维利写下了《君主论》这一哲学领域中探讨政治现实的最早著作之一。然而，在将近二十年后，这部著作才在第二位美第奇家族教皇克雷芒七世的许可下出版。

宗教改革
1517年
马丁·路德将自己的《九十五条论纲》钉在德意志维滕贝格诸圣堂门上，谴责教会出售赎罪券的行为，从而点燃了一场反对天主教会统治的革命，永远改变了欧洲的面貌。

伽利略开启科学征程
1580年
伽利略在比萨大学登记注册学习医学，其后很快在物理和数学领域有了重大发现，将科学和文艺复兴思想带入全新时代。

▲ 由于美第奇家族的资助，布鲁内莱斯基得以为圣母百花大教堂修建了巨大穹顶。穹顶高耸在佛罗伦萨的天际，成为建筑界的新标杆

想家和艺术家齐聚一堂。米开朗琪罗和达·芬奇也成为美第奇家族的座上宾，与当时最负盛名的人文主义者比肩。文学和哲学是洛伦佐的心头所好，他的府邸成为革新思想的避难所，吸引了引领欧洲思想革命和艺术变革的各路杰出人物。马尔西利奥·费奇诺与美第奇家族关系密切。在洛伦佐统治时期，费奇诺完成了他最著名的探讨灵魂不朽的著作《柏拉图神学》（1474年），以及一些更具争议的作品，如1489年基于占星术的论文，并因此饱受教会的诟病。

洛伦佐曾表示支持性格古怪的乔凡尼·皮科·德拉·米兰多拉。米兰多拉写下了被教会禁止印刷的书籍《九百论题》。在这本书里，米兰多拉论证了他在宗教、自然哲学、魔法等众多领

洛伦佐执掌佛罗伦萨期间，人们推崇备至的安杰洛·安勃罗吉尼——又名安杰洛·波利齐亚诺——寄居美第奇家族府邸，成为该家族下一代的导师。其作品代表了人文主义思想的高峰。洛伦佐极力支持波利齐亚诺翻译古典著作，尤其是荷马史诗《伊利亚特》。

洛伦佐统治时代是美第奇家族的辉煌时代，也是文艺复兴的黄金时代。15世纪后期，桑德罗·波提切利创作了最著名的两幅作品《春》和《维纳斯的诞生》。两幅作品的收藏者是美第奇家族旁系洛伦佐·迪·皮坎尔弗朗切斯科·德·美第奇，也极有可能就是他委托创作的。同时，画家皮耶罗·德尔·波拉尤奥洛（Piero del Pollaiuolo）和多米尼克·吉兰达约也在此期间开始走上创作巅峰。

美第奇家族的影响力远及海外，不仅局限于佛罗伦萨一城一域。美第奇家族委托维罗基奥雕刻了大理石浮雕，以此作为馈赠匈牙利国王的礼物；资助桑加洛（Da Sangallo）设计了一座宫殿，将其赠送那不勒斯国王。因与教皇西斯笃四世达成和解，美第奇家族很可能委托艺术家波提切利和吉兰达约拟定了西斯廷小教堂最初的装饰计划。洛伦佐对佛罗伦萨以外艺术项目的倾囊相助推动了文艺复兴思想传播到欧陆各地。

美第奇家族的赞助使得许多艺术家得以创作出最负盛名的文艺复兴作品。即使在洛伦佐之子皮耶罗短暂而又动荡的统治期间，米开朗琪罗仍然在16世纪初创作出包括雕塑《大卫》在内的许多杰作。与米开朗琪罗相仿，达·芬奇也在由美第奇家族赞助的工作室和学园里使自己的艺术造诣日臻成熟，终至辉煌。16世纪初，他的艺术成就在欧洲广受赞誉。

随着洛伦佐离世，美第奇家族与艺术家之间的关系发生了变化。尽管1512年该家族从流

域的思想，与其另一部著作《论人的尊严》一起成为文艺复兴思想传播的里程碑。

当米兰多拉《九百论题》中的十三个论题被教皇英诺森八世所禁时，他写下一篇自辩文章，将其献给了洛伦佐。米兰多拉的著作受到教会权威的批判，他最终被捕。多亏洛伦佐的出面干预，他才得以重获自由。

放地回到佛罗伦萨后，曾对尼可罗·马基雅维利（Niccolò Machiavelli）进行过摧残，但马基雅维利仍将他最著名的作品《君主论》献给了洛伦佐·迪·皮耶罗·德·美第奇。而后，两位出自美第奇家族的教皇本想委托马基雅维利创作，却发现他在一些文章中对美第奇家族颇有微词。随着文艺复兴深入人心，这些想法深深影响了赞助人。

另一方面，随着美第奇家族终于掌控了教权，家族影响力也传至罗马。1513年3月，洛伦佐次子乔凡尼当选教皇，成为利奥十世。此时，美第奇家族不仅在佛罗伦萨雄风重振，也将他们对文艺复兴艺术文化的热情带到了永恒之城罗马。

教皇利奥十世在任期间贡献卓著。他的主要文化工程包括修复年久失修的圣彼得大教堂。作为美第奇家族一员，利奥十世同样热爱建筑。除支持罗马街道的拓宽项目外，他还委托雅各波·桑索维诺（Jacopo Sansovino）修建了罗马重要的建筑圣若望圣殿（San Giovanni dei Fiorentini）教堂。而在家乡佛罗伦萨，他委托米开朗琪罗修建了圣洛伦佐大教堂的新圣器室，使其成为美第奇家族不可磨灭的艺术印记。

作为罗马文艺复兴的重要支持者，利奥十世对罗马大学进行了改革和扩建，还为罗马城内的希腊和犹太社区配备了印刷机，从而促进了文学著作和哲学思想的普及和传播。他还是拉斐尔的重要赞助者。为弘扬艺术，利奥十世在梵蒂冈宫修建了一个开放式画廊，请拉斐尔为画廊的墙壁绘制壁画。

作为教皇利奥十世的亲戚、密友兼顾问，朱利奥·迪·朱利亚诺·德·美第奇惊叹于拉斐尔的艺术创作，为拉斐尔提供了赞助支持。1523年，朱利奥当选为教皇克雷芒七世。之后，文艺复兴的命运发生了逆转。1527年，因神圣罗马帝国士兵进犯，克雷芒七世被迫逃离罗马。士兵们洗劫了永恒之城，过去几个世纪新思想催生出的诸多艺术瑰宝不幸毁于一旦。这场变故之后，克雷芒七世赞助的艺术项目主要集中于佛罗伦萨，如美第奇礼拜堂和老楞佐（Laurentian）图书馆。

克雷芒七世掌权时期，让自己备受争议的儿子亚历山德罗统治佛罗伦萨，这一举措引发了内政动荡和谋杀事件，艺术赞助也因此减少。但是，在科西莫一世统治佛罗伦萨后，美第奇家族的文化地位再度提升。此时，文艺复兴已经跨越欧洲，在不同的地区绽放光彩，各地各具特色的文化艺术样式应运而生。1537年，科西莫一世被任命为佛罗伦萨公爵，以光彩夺目的艺术和建筑来彰显美第奇家族的强大实力。

1539年，科西莫一世聘请安戈罗·布朗齐诺（Agnolo Bronzino）为宫廷画家。布朗齐诺的画风属于风格主义，是文艺复兴风格的一种变体。他为科西莫一世及其家人绘制了惟妙惟肖的肖像画。新掌权的科西莫一世为凸显自己的影响力，还让布朗齐诺为美第奇家族的祖先绘制了肖像画。

科西莫一世掌权期间，美第奇家族掌控了地位显赫的皮蒂宫。科西莫一世委托巴托洛梅

随着美第奇家族成员出任教皇，家族影响力也波及罗马。

▲ 佛罗伦萨领主宫壁画。中坐者正是"豪华者"洛伦佐,他赞助过的艺术家们簇拥在他身旁

奥·阿曼那蒂(Bartolomeo Ammannati)对该宫进行扩建;邀请乔尔乔·瓦萨里(Giorgio Vasari)在皮蒂宫内绘制精美壁画;聘用尼科洛·特雷比奥(Niccolo Trebbio)打造皮蒂宫美轮美奂的花园,使其成为当时公共艺术的典范之作。他收藏的大量雕塑和青铜艺术品更是堪称一绝。

截至此时,美第奇家族不再领导文艺复兴运动,仅是赞助扶持艺术和科学发展的佛罗伦萨众多统治家族之一。伽利略是得到美第奇家族赞助的最后一批伟大人物之一。1580年,他开始在比萨大学学医。在科西莫二世的大力支持下,他力求探究科学思想,其日心说彻底改变了人们的科学思维方式。伽利略获得科西莫二世的任命,成为宫廷数学家,从而得以在科学的海洋中自由遨游。世人认为这是美第奇家族为文艺复兴做出的最后的伟大贡献。

然而,时至1610年,随着美第奇家族渐成强弩之末,文艺复兴运动也进入尾声。其后百年,这个家族的财富散尽,影响力也江河日下。欧洲文化思潮的重心转为启蒙运动,新的艺术形式和思维方式应运而生。不过,美第奇家族留下的文化遗产影响深远。他们对文艺的支持促成无数精美艺术品的诞生,进而永远改变了整个欧洲的思维方式。

达·芬奇

人们把达·芬奇誉为史上最博学之人。
他才华横溢，对世间万物充满好奇。
他在文艺复兴时期的地位可与古希腊的亚里士多德相提并论

作者：德里克·威尔逊

出身卑微的达·芬奇出生于距离佛罗伦萨约四十二千米远的一座小山城，是家境优渥的公证人和农家女的私生子。"达·芬奇"这个姓只表明他来自小镇芬奇。在那里，达·芬奇度过了童年的大部分时光。不久，就有人发现了这个男孩非凡的天赋。达·芬奇对世间万物充满了浓厚兴趣，常常手持炭笔、钢笔或油画笔，痴迷地描绘花朵、飞鸟等动物或人的面庞。无论被什么吸引了注意力，他都会马上用画笔记录下来。理解了达·芬奇对自然万物的热爱，我们就能悟透达·芬奇一生中一个突出矛盾之处：他留下了大量作品，包括油画、素描、文章、手稿和速写，但其中大部分作品并未完成。

达·芬奇的思维从一个主题跳跃到另一个，像蝴蝶一样翩跹不定。他对事物的观察深入精准，但他的注意力又过于宽泛，以至于很多研究未能彻底做完。

1467年左右，意识到自己儿子天赋异禀的皮耶罗·达·芬奇将达·芬奇送进佛罗伦萨著名艺术家维罗基奥的工作室。受美第奇家族和其他佛罗伦萨大家族的委托，维罗基奥创作了大量油画、大理石雕塑和青铜雕塑。那时的艺术家并不像今天这样专业分工明确。工作室的大师往往要求学徒对各个艺术领域都能有所涉猎。实际上，当时的"艺术"创作并不像现在这样与"科学"和"技术"截然分开。维罗基奥鼓励达·芬奇探

▲ 虽然达·芬奇完成的画作数量很少，但他的素描、手稿与分析至今仍是艺术家们创作的灵感之源

索鸟的飞翔、水流的运动和数学等多个领域。艺术史学家乔尔乔·瓦萨里称达·芬奇为"现代主义者"，是一位能够"完美地描摹自然细节"的画家。与同时代的多位尼德兰画家相似，达·芬奇观察大自然孜孜不倦。在其创作的《圣母领报》（约1472年，系目前已确认的达·芬奇最早作品）中，他无法克制自己描摹自然的冲动，将大天使加百利画在了朵朵精细描绘的花朵之中。

然而，我们不能将达·芬奇与其他艺术家混为一谈，毕竟他卓尔不群。从一开始，达·芬奇就不仅仅是艺术家，而且还是哲学家。他阅读广泛，笔耕不辍，会用笔记本和碎纸片画速写、记笔记。他用左手书写斜体字，其他人需要借助镜子才能读懂。他把科学变成了艺术，又把艺术变成了科学。达·芬奇的解剖学老师是第一位在佛罗伦萨解剖人体的安东尼奥·德尔·波拉约洛（Antonio del Pollaiolo）（当时教会反对解剖人体）。后来，达·芬奇重新开始解剖，打算撰写一部解剖学著作。有人看到了这部著作的草稿，称这本书"不仅涉及人体部位，还涉及肌肉、神经、静脉、关节、肠道等男女身体内你能想到的各个器官，堪称空前"。

这部大作也许确实写毕，但遗憾的是，现在已然无迹可寻。达·芬奇对自然进行科学的观察、测量、记录，想象力纵横驰骋。他通过计算得出结论：人类没有任何理由不能飞翔。他甚至还绘

▲《蒙娜丽莎》呈现的朦胧色调源于"晕涂法"这一绘画技巧

> 我们不能将达·芬奇与其他艺术家混为一谈，毕竟他卓尔不群。从一开始，达·芬奇就不仅仅是艺术家，而且还是哲学家。

制了飞行器帮助人类实现飞翔之梦。

或许正是这样变幻无常的秉性和标新立异的思想，导致达·芬奇于1483年离开了佛罗伦萨。我们知道，他至少让一位艺术委托人大失所望。但是，"伟大的艺术赞助人"洛伦佐·德·美第奇深谙这位年轻人的价值。很可能正是因为洛伦佐的力荐，达·芬奇才得到米兰摄政者、同样赏识艺术的卢多维科·斯福尔扎的力邀，动身前往米兰。卢多维科·斯福尔扎的宏愿不仅是让米兰变得更强大、更安全，而且是将其打造成一个文化领先、能与佛罗伦萨和威尼斯相媲美的城邦。最终，这两个目标都未能实现，但在1483—1499年，卢多维科雇用达·芬奇开展了各式各样的艺术项目，包括为宫廷娱乐活动设计花车、设计米兰大教堂穹顶、为自己的父亲创作庞大的青铜骑马雕像等。然而，因达·芬奇工作时断时续，米兰大公国又厄运连连，穹顶和雕像都未能完工。

然而，正是在米兰，达·芬奇创作了他最著名的绘画作品。他刚到米兰就接到委托，与三名助手一起为米兰的圣弗朗切斯科教堂完成部分内饰，其中包括为无玷受孕会的小圣堂绘制一幅有天使陪伴的圣母子像。然而，因米兰战事和与客户关系不睦，这项委托耗费了二十五年才得以完成，达·芬奇最终完成了两个版本。无论修道士们是否认为这个作品值得望穿秋水，毫无疑问，

▲《圣母领报》确认系达·芬奇最早作品，一般认为创作于1472年前后

▲ 这是一张达·芬奇绘制的装甲车草图。锥形车顶以木头为主要材料，用金属加固，需要四人操作两个曲柄来提供动力

▲ 达·芬奇设计的装甲车的现代复制品。在达·芬奇的初始设计中，齿轮故意颠倒，这被认为是有意为之

▲《最后的晚餐》不仅激发了后世艺术家的想象力,还成为宗教阴谋论的原型

它都是史上最令人惊叹的宗教绘画之一。这幅画作独具匠心,画艺绝妙,以《岩间圣母》之名享有盛誉。在这幅作品中,我们可以看到圣母、孩提时的耶稣基督、施洗者约翰与天使相聚在水边(可能是海边或湖边)。画作的远景怪石嶙峋,前景的花草描绘得十分精细,栩栩如生。这幅画作蕴含了复杂的宗教象征,但整体静谧安宁,引人遐思。这幅画作有两个版本,分别藏于巴黎卢浮宫和伦敦英国国家美术馆。至于为什么达·芬奇创作了两个版本,依然是未解之谜。

《最后的晚餐》是达·芬奇最引人注目的大幅作品,也是他为数不多的在委托约定时间内完成的作品,于1494年受卢多维科·斯福尔扎委托创作。那年卢多维科的侄子英年早逝(死因存疑),他成为米兰大公,大权在握。为提升家族名望,这位新大公计划修建斯福尔扎家族陵墓。陵墓建在圣玛利亚感恩教堂的多明我会修道院内,修士们负责日日为斯福尔扎家族历代先祖的魂灵祷告。达·芬奇贡献的画作描绘了耶稣在受难前夜与他的十二门徒共进晚餐的场景。在壁画创作时,达·芬奇采用了创新技法,使作品大获成功,同时也带来了始料未及的后果。

《最后的晚餐》艺术成就斐然。这幅画作不仅仅是历史故事画,更不失为一组心理学研究图像。达·芬奇将《圣经》故事中的一个瞬间放大,使看似简单的故事叙述充满了戏剧化。画中,耶稣正和十二门徒亲密同桌,共进晚餐。耶稣道:"你们中,将会有一个人背叛我。"一时间语惊四座,门徒们反应各异。达·芬奇生动描绘了他们的表情举动,仿佛用画笔建立了十二个心

▲《岩间圣母》的最初构思包含有五十多个人物和建筑细部，而不像达·芬奇和德普瑞第斯（de Predis）兄弟最终完成的画作那样融入了奇异的自然景观

理档案。毫无疑问，达·芬奇试图让修士们（以及后来所有的观赏者）融入《圣经》故事中，让看客不再只是观众，而是身临其境的参与者，禁不住扪心自问："这个叛徒难道是我吗？"然而，达·芬奇的宗教戏剧至此尚未落幕。在构图的正中央，耶稣基督似乎对周遭一切视而不见，超然于一切之上，手指指向一块面包（在圣餐中代表基督的身体）。作为宗教绘画，《最后的晚餐》具有划时代的艺术价值，达·芬奇借由画笔呈现出舞台和电影方能表现的戏剧效果，可谓前无古人。

然而，《最后的晚餐》也不啻为一场技术灾难，因为达·芬奇无法抑制对绘画技法的探索热情，所以他在绘制壁画时采用了新技法，造成此杰作在短短二十九年内就开始褪色毁损。我们已无法亲自见证《最后的晚餐》的完美辉煌。

就在达·芬奇开始创作这幅画作时，他在米兰的安稳生活也从此一去不返。教皇与那不勒斯国王结成同盟，对抗米兰大公卢多维科。卢多维科迫于无奈，请求法兰西查理八世前来援助，怂恿查理八世率军穿越米兰领土，直取那不勒斯。于是，意大利战争在米兰爆发，断断续续连绵六十余载。为稳固自己在意大利的地位，查理八世决定吞并米兰。1498年，卢多维科大公在这场战争中被曾经的盟友击溃。两年之后，他在法兰西被俘并一直囚禁在那里，直至1508年客死他乡。

1499年，达·芬奇匆忙离开米兰，开始了颠沛流离的生活。这对本就容易二三其意的他来说是平添烦扰，因此他晚年完成的绘画作品寥若晨星。然而，他在文艺复兴艺术、思想和生活中的重要性并不取决于那些幸存下来的少数完整作品。达·芬奇的影响十分深远，艺术家同行

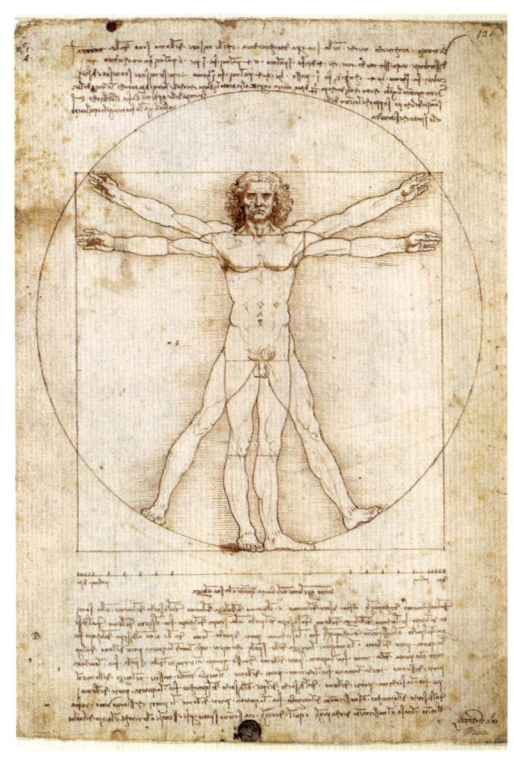

▲《维特鲁威人》（约1490年）的创作灵感源自古罗马建筑师维特鲁威提出的关于人体完美比例的理论

敬仰他不断地大胆创新。他的晚期作品《圣母子和圣安妮》的人物构图具有革命性，对米开朗琪罗、拉斐尔等人产生了难以估量的影响。不过，达·芬奇认为自己的素描作品更为重要，正是这些素描作品让我们得以走进这一文艺复兴天才的精神世界。

> 达·芬奇将《圣经》故事中的一个瞬间放大，使看似简单的故事叙述充满了戏剧化。

达·芬奇工作室

1478—1482 年，意大利

文艺复兴背后的驱动力是创新、理性思维和对古典艺术与学问的复兴。在文艺复兴的心脏地带佛罗伦萨，居住着世界上最伟大的艺术家之一达·芬奇。他的《蒙娜丽莎》是全世界参观者最多的艺术品，而《最后的晚餐》则启发了无数故事和电影的创作。然而，这位15世纪的天才仍然有着诸多神秘之处。他的诸如飞行器等不少发明构思并未付诸实践；他还有一些重要的科学发现，却未曾将其公之于世。他的工作室究竟是何模样尚无定论，但通过他的言谈举止，我们可以对其进行合理的想象。

书架
达·芬奇受教育程度有限，但他在成年后自学了拉丁文和高等数学。与文艺复兴时期的许多知识分子一样，他研究了古代哲学家的作品，应该也阅读过切尼诺·切尼尼（Cennino Cennini）的《艺匠手册》。

未完成的画作
《三贤士朝圣》是一幅未完成的作品，但透过这幅画作，我们可以充分了解达·芬奇的创作经过。他会先勾勒轮廓，然后用黄色赭石填充颜色。

装甲车
人们认为达·芬奇是发明坦克第一人。他所发明的装甲车能朝任何方向移动，装备有火炮，配有一个类似乌龟壳的防护罩，顶部还有一个炮塔可供巡视。

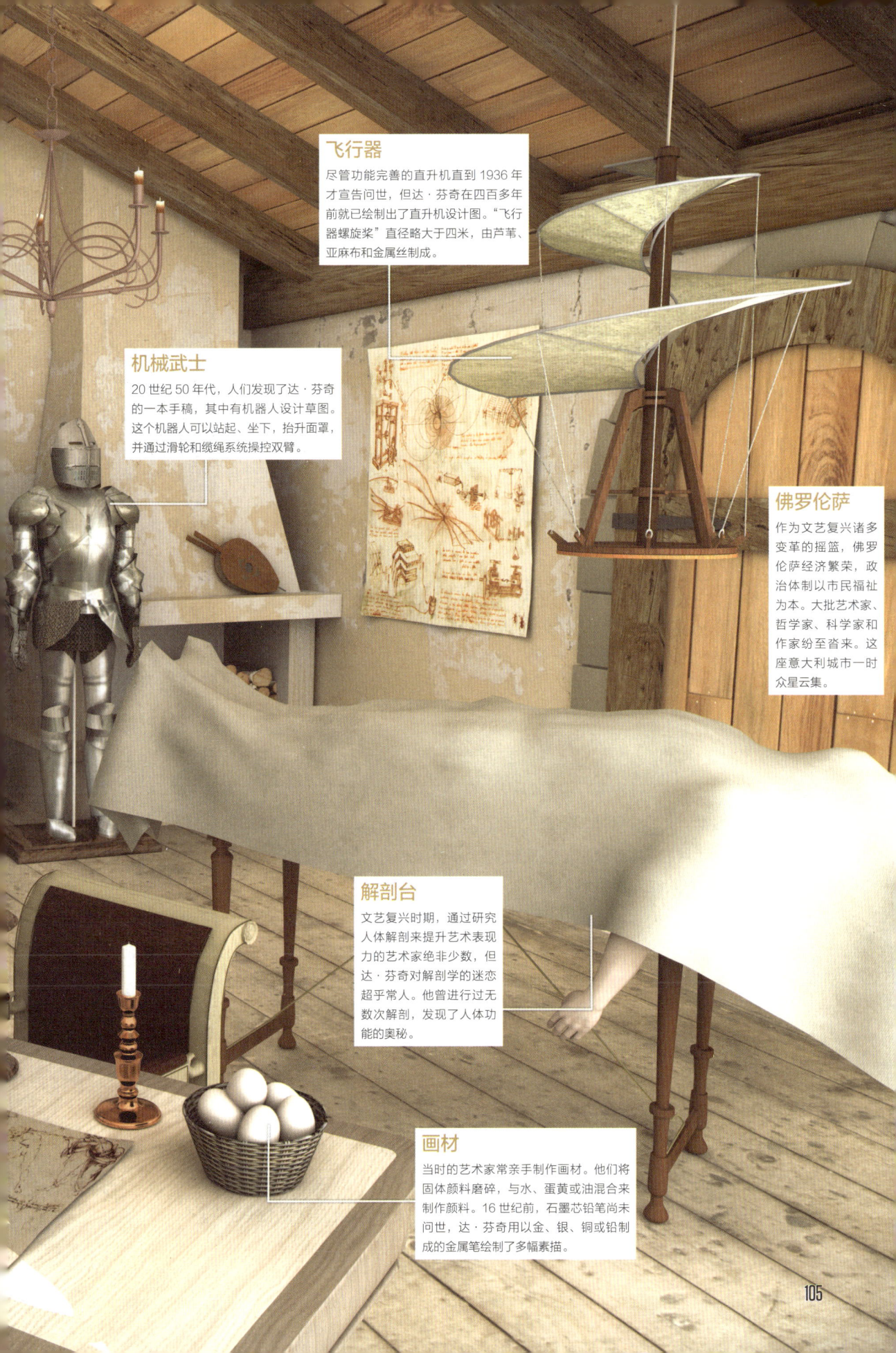

飞行器
尽管功能完善的直升机直到1936年才宣告问世，但达·芬奇在四百多年前就已绘制出了直升机设计图。"飞行器螺旋桨"直径略大于四米，由芦苇、亚麻布和金属丝制成。

机械武士
20世纪50年代，人们发现了达·芬奇的一本手稿，其中有机器人设计草图。这个机器人可以站起、坐下，抬升面罩，并通过滑轮和缆绳系统操控双臂。

佛罗伦萨
作为文艺复兴诸多变革的摇篮，佛罗伦萨经济繁荣，政治体制以市民福祉为本。大批艺术家、哲学家、科学家和作家纷至沓来。这座意大利城市一时众星云集。

解剖台
文艺复兴时期，通过研究人体解剖来提升艺术表现力的艺术家绝非少数，但达·芬奇对解剖学的迷恋超乎常人。他曾进行过无数次解剖，发现了人体功能的奥秘。

画材
当时的艺术家常亲手制作画材。他们将固体颜料磨碎，与水、蛋黄或油混合来制作颜料。16世纪前，石墨芯铅笔尚未问世，达·芬奇用以金、银、铜或铅制成的金属笔绘制了多幅素描。

马基雅维利

权谋大师马基雅维利究竟是谁？是老谋深算的流亡者，抑或被世人误解、政治理想破灭的讽刺家？

人们把马基雅维利视为近代政治学之父。他的名字成了阴谋权术的代名词。提到形容词"马基雅维利式的"，我们就会联想到狡诈阴险、野心勃勃、为达目的不择手段的人物形象。然而，这个传奇人物是否真如他的传世之名所昭示的那样冷酷无情呢？

颇为有趣的是，马基雅维利的声誉在不同国家大相径庭。在英语国家，他被贴上图谋不轨的标签，成为滑头政客的典型。然而，在其故乡意大利，人们将他的形象还原，对他的评价不带偏见：他是一位思维超前于他所处时代五百年的创新者。事实上，他的政治哲学洞见深刻塑造了近代政治。他在15世纪做出的政治观察至今依然适用，毫不过时。

马基雅维利出生于1469年。对他的童年生活我们知之甚少，只晓得他在佛罗伦萨郊区的家族庄园中长大。在佛罗伦萨，马基雅维利接受了一个未来外交官应有的教育。作为当时的思想中心，佛罗伦萨也为马基雅维利提供了卓越的人文教育。然而，这个文化之都一直处于动荡之中。15世纪初，随着美第奇家族的崛起，这座城市朝气蓬勃。然而，佛罗伦萨在科西莫治下文化经济繁荣发展之时，也与邻近地区冲突不断。周围强敌环伺，意图入侵，持久的城市和平

他被指控参与了反对美第奇家族的阴谋,锒铛入狱,惨遭酷刑,据说甚至被绑在刑架上受尽折磨。

萨地·德·提托(Sandi de Tito)创作的马基雅维利肖像画

▲ 意大利人对马基雅维利推崇备至。他的雕像矗立在佛罗伦萨乌菲齐美术馆外

成为遥不可及的幻梦。1494年,美第奇家族被驱逐出佛罗伦萨。正是在这样艰难动荡的时局当中,马基雅维利茁壮成长起来。

1498年,马基雅维利聆听了萨伏纳洛拉的布道。这名传教士与众不同,在布道中敢于声讨教会种种积弊,大谈教会腐败问题。同年,萨伏纳洛拉被教会指控为异端,处以绞刑。数日后,马基雅维利意外当选佛罗伦萨外交事务主管,成为第二国务厅长官。直到1512年美第奇家族重掌佛罗伦萨大权,马基雅维利的任期才宣告结束。这个并无半点外交经验的年轻人竟然能在政府中身居要职,时至今日,仍令历史学家们大惑不解。

在美第奇家族被放逐的八年时间里,马基雅

▲ 15世纪的佛罗伦萨小景。美第奇家族流亡之时,马基雅维利在此茁壮成长

维利的政治生涯蒸蒸日上。他赢得了最高法官皮耶罗·索德里尼(Piero Soderini)的青睐,并成功说服其于1505年设立民兵,以减少城市对雇佣军的依赖。这支民兵组织由马基雅维利掌控。更为重要的是,马基雅维利还造访法兰西国王查理八世、教皇、恺撒·波吉亚等知名要人,而恺撒·波吉亚的政治才能反过来影响了马基雅维利的早期写作,成为其名著《君主论》的灵感来源。自1503年起,马基雅维利开始认真写作。一年后,他完成了史诗《十年纪》上卷,这是他这部佛罗伦萨两卷本史诗中的第一卷。

在马基雅维利飞黄腾达的外交事业背后,盘根错节的政治势力正在暗流涌动。教皇尤里乌斯二世与西班牙组成神圣同盟,向法兰西宣战。

尽管未能取得政治上的成功，但马基雅维利以其著作影响了一代又一代的领导者，其中既有明主仁君，也不乏暴君恶徒。

1512年9月初，随着教皇一声令下，主帅拉蒙·德·卡尔多纳（Ramón de Cardona）占领佛罗伦萨，美第奇家族重掌政权。

这对马基雅维利来说不啻灾难。他被指控参与了反对美第奇家族的阴谋，锒铛入狱，惨遭酷刑，据说甚至被绑在刑架上受尽折磨。尽管他极力否认与这些阴谋有任何牵连，声称自己实属无辜，但这些辩护毫无用处，他依然身陷囹圄。然而，命运之神对这位外交家青睐有加。次年2月，教皇尤里乌斯二世逝世，利奥十世成为新任教皇，他正是美第奇家族的后代。教皇登基后举行了隆重庆典，颁布了特赦令，马基雅维利终于重获自由。可是，自由的代价是昂贵的。他被禁止进入佛罗伦萨，勒令退隐到城郊的家族庄园。正是在流亡岁月里，马基雅维利开始着手撰写他的一些最为著名的作品，包括备受争议但至今依然有着强烈现实意义的政治巨著《君主论》。

困居在佛罗伦萨郊区的庄园，马基雅维利依然踌躇满志，思考着如何重返佛罗伦萨政治舞台。他决定撰写一本基于自己外交经验的政治指南。于是，1513年他完成了《君主论》，还将其献给洛伦佐·迪·皮耶罗·德·美第奇。这位洛伦佐是"豪华者"洛伦佐的孙子，美第奇家族目前的族长，刚刚宣布成为佛罗伦萨的统治者。时至今日，人们对于马基雅维利献上《君主论》的真正目的仍然莫衷一是：究竟是为重返政坛的他替掌权者美第奇家族歌功颂德，还是对佛罗伦萨这座曾经将其放逐的城市政治局势的精妙嘲讽？

不管怎样，这本书于1532年即马基雅维利去世后第五年出版，随即引起了轩然大波。《君主论》分为两个部分，第一部分探讨了获取权

▲ 乔尔乔·瓦萨里为洛伦佐·德·美第奇创作的肖像

力的方法，而第二部分（也是最重要的部分）则提出了如何在掌权时保住权力的建议。正是这本书及书中备受争议的观点，使马基雅维利以负面的形象为后世所铭记。这本书不仅对统治者应具备的品质加以描述，还提出了一个道德困境：对当权者而言，是为达成政治目标而做出道德让步、不择手段地采用狡计权谋可取，还是为恪守道德不惜丧失权力更为可取？

《君主论》中有两章备受争议。在标题为《关于君主守信之道》的第十八章中，马基雅维利写道，虽然努力成为一个有道德的统治者令人钦佩，但有时为了成功，必须采取一些不那么道德的手段；为了终极利益，有时必须做一些令人不齿之事。马基雅维利声称："君主必须善于向野兽学习，尤其需要效仿狐狸和狮子。狮子不能避免自己落入陷阱，而狐狸又不能单独抵御群狼攻击，因此君主要有像狐狸一样逃出陷阱的能力，又要能像狮子一样驱散狼群。"

题为《论依靠他人武力或由于幸运而获得的新君主国》的第七章也引起了一些读者的义愤。在这章中，马基雅维利似乎认为谋杀有理。他讲述了瓦伦蒂诺公爵恺撒·波吉亚征服意大利罗马涅大区切塞纳城（Cesena in Romagna）的往事。恺撒·波吉亚曾委任雷米罗·德·奥尔科（Remirro de Orco）为副手，命其平定切塞纳，对该城进行武力征服。奥尔科手段异常残忍，为平定该城，不惜对城内居民动用斩首、阉割等大刑。该城终被征服，但民众对奥尔科极其憎恨。恺撒·波吉亚命令将奥尔科腰斩，行刑地就设在市中心广场，以稳定民心。血腥暴力刚一落幕，恺撒·波吉亚就开始减免赋税，在城内大兴土木，建造剧院，纵情狂欢。这个例子还成为只要目的（君主为了最终的和平、安定、繁荣）正当，就可以不择手段（残害甚至屠杀）的典范。

在完成《君主论》之后，马基雅维利转而撰写其他著作，包括《论里维》《战争艺术》《曼德拉草根》。如果当初他想凭借《君主论》来打动洛伦佐以实现自己的政治目的，那他从未成功。洛伦佐很可能从未开卷一读，而马基雅维利从被流放直到五十八岁逝世，一直囿于自己的庄园之内，永远未能重登政治舞台。

尽管未能取得政治上的成功，但马基雅维利以其著作影响了一代又一代的领导者，其中既有明主仁君，也不乏暴君恶徒。墨索里尼等人都曾认真研读过《君主论》。这部作品也给当代著名作家提供了创作灵感，包括史诗奇幻巨制《权力的游戏》原著作者乔治·马丁。

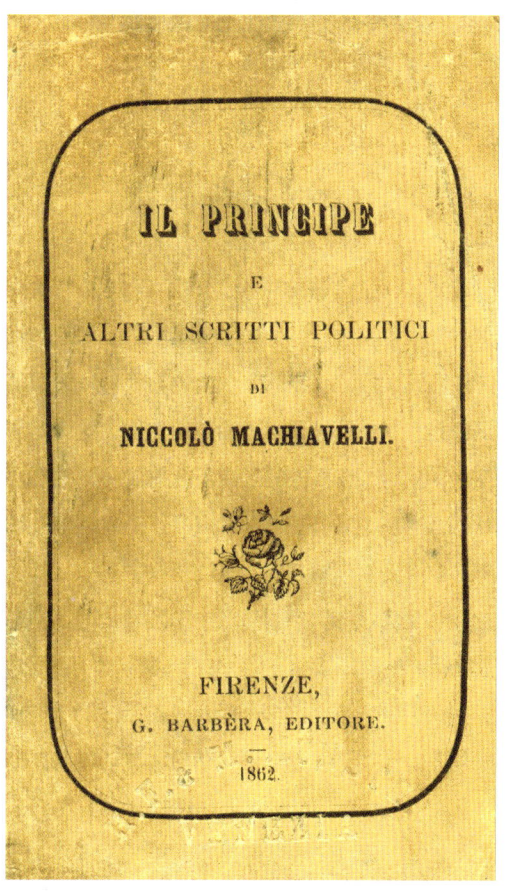

▲ 马基雅维利去世五年后，其著作才以《君主论》之名出版

米开朗琪罗

米开朗琪罗·博纳罗蒂是文艺复兴鼎盛时期佛罗伦萨和罗马的明星人物，甚至比达·芬奇风头更劲

作者：德里克·威尔逊

几乎从呱呱坠地时起，他的未来就已被命运安排停当。这不仅是因为他降生在艺术世家，更是因为他在佛罗伦萨附近的一个以石匠闻名的村庄长大。自小他就对大理石深深着迷。大理石纹理美妙、结构匀称，虽坚固异常，却也可以在石匠的工具下绽放生命。他能够从石头中"看到"隐匿着的形象。对他来说，雕刻并非用天然材料创作出某种形体，而是在释放出造物主隐藏在天然材料之中的艺术之魂。米开朗琪罗的艺术天赋难以遮掩。他父亲虽不情愿，却也最终答应让他在多米尼克·吉兰达约工作室做学徒。吉兰达约是佛罗伦萨最为成功富有的艺术家，他的工作室生气勃勃，学徒众多。

在吉兰达约工作室期间，米开朗琪罗不乏创作灵感，但他只学习了短短一年就另谋高就。

"豪华者"洛伦佐创办了一所私立学校，专门培养有前途的年轻艺术家。因此，年仅十几岁的米开朗琪罗就进入了佛罗伦萨最上层的文化和政治圈，那里正讨论着最新的哲学理论。然而，他始终独来独往，对他来说，执着完美就意味着自我放逐，完美主义让他夜以继日创作不休。别人觉得他生性傲慢，不易相处，甚至有些咄咄逼人。有一次，他甚至与艺术家同行彼得罗·托利贾尼（Pietro Torrigiano）打了起来，鼻梁被打到变形，一直都没能完全复位。不久之后，托利贾尼就去了英国，成为亨利七世的宫廷画师。

米开朗琪罗是虔诚的基督徒，这可以从其早期作品中窥见端倪。1498年，为装饰罗马圣彼得大教堂，有一位红衣主教委托他创作《哀悼基督》。对二十岁出头的米开朗琪罗来讲，这个雕

▲ 雅各波·德拉·冈特（Jacopo del Conte）创作的米开朗琪罗像，约 1540 年

▲ 据说，希腊古典主义雕塑《拉奥孔和他的儿子们》是由米开朗琪罗和他的朋友们发现的

塑作品成就斐然。他经常仔细观察裸体模特，从而对人体结构有了详尽的了解。但是，一个艺术家仅仅通过准确观察并不能创作出如《哀悼基督》中圣母怀抱死去耶稣那样感人至深的形象。米开朗琪罗常说，他的创作就是为了揭开上帝为其造物蒙上的"凡俗面纱"，以展露其中的灵魂。《哀悼基督》确实是这一境界的完美体现。

米开朗琪罗因何在艺术史中脱颖而出，缘由众多，但最重要的莫过于他"重新发现"了人体之美。在雕塑和绘画中，着衣或裸体的男女形象（当然也有儿童形象，如天使和婴儿）屡见不鲜，但直到米开朗琪罗的出现，我们才了解到一个艺术家可以对人的身体充满如此美好的向往和敬意。这也就是为什么尽管米开朗琪罗绘画成就同

▲ 米开朗琪罗创作的著名《大卫》雕像

米开朗琪罗对人体的大胆呈现并非对宗教的叛逆，而恰恰是他虔诚信仰的体现。

样非凡，但他却更加迷恋雕塑的三维立体效果。他曾明确表示过自己的偏好，指出"绘画越接近雕塑就越好……而雕塑越接近绘画就越糟"。早期艺术家对人体解剖学的理解不够充分，部分原因也在于他们对表现裸体有所顾虑。在早期宗教作品中，艺术家都会谨慎地遮盖住作品中耶稣、殉道者、圣徒及其他《圣经》人物的下体。米开朗琪罗对这种保守的创作态度嗤之以鼻。他从古希腊和古罗马的异教艺术中汲取灵感，在作品中大胆表现裸体形象，由此受到宗教权威的谴责。然而，米开朗琪罗对人体的大胆呈现并非对宗教的叛逆，而恰恰是他虔诚信仰的体现。在他看来，男人和女人是神按照自己的形象创造的。因此，人的形象本是光辉美好甚至神圣的。

米开朗琪罗热衷于研究人体，不仅探究古希腊罗马的雕塑作品，也临摹真实模特。他还观察人体解剖，进一步研究人体构造。当时医生和艺术家们会通过观察尸体来了解骨骼、肌肉、动脉和神经的功能，这在一些地域备受争议。

现在，让我们重新回到15世纪末的佛罗伦萨。那时，米开朗琪罗所创作的最伟大作品当数巨型裸体雕像《大卫》。这座雕像的创作几经波折。早在米开朗琪罗出生前，有一块巨大的大理石被运至佛罗伦萨大教堂，雕塑家阿戈斯蒂诺·迪·杜乔（Agostino di Duccio）曾想用它创作一件能够放置在建筑中的人物雕塑，但最终放弃了这个计划。这块大理石一直静立于教堂之外四十年之久，直到佛罗伦萨政府将雕刻《大卫》的任务交给了米开朗琪罗。

1504年，米开朗琪罗完成了《大卫》，然而它的命运实属坎坷。这座雕像成为政治冲突的牺牲品，饱受日晒雨淋之苦。佛罗伦萨的掌权者们对这座雕像应该放在何处争论不休，而当最终尘埃落定、找到归宿之际，雕像又遭到一名亲美第奇家族的暴徒投掷石块袭击。在后来的派系对抗中，大卫的左臂被打断。尽管事后对雕像进行了修复，但因选址不当，这座雕像在接下来的数个世纪中依然命运多舛。

1505年，教皇尤里乌斯二世召米开朗琪罗前往罗马，为其设计建造一座宏伟陵墓，以彰显其伟大功绩，留给后世传颂。米开朗琪罗立刻心无旁骛地投入这个备受瞩目的工程中。然而，政治因素和其他因素干扰了他的创作进程。工程推进缓慢，米开朗琪罗失望不已，愤然离开，回到家乡佛罗伦萨。不过，教皇命他再次前往罗马，不仅要求他继续陵墓项目，还要求他承担一项规模巨大的绘画工程——在梵蒂冈西斯廷小教堂的

▲ 米开朗琪罗于1540年左右创作的维多利亚·科隆娜素描像

▲ 1534—1541年米开朗琪罗为西斯廷小教堂东墙创作的《最后的审判》

天顶上创作系列壁画。米开朗琪罗和尤里乌斯二世的个性都十分执拗,但二人的矛盾纷争却成就了艺术史的一大奇迹——西斯廷小教堂天顶画。"战神教皇"尤里乌斯二世致力于重建罗马城,以彰显教权在罗马的再度确立。西斯廷小教堂天顶画的设计复杂精妙,涵盖约三百个《圣经》人物。米开朗琪罗的创作花了整整四年时间,创作过程秘而不宣,他不想让任何人看到尚未完成的作品,任何人都未曾目睹他尚未完工的作品。天顶画描绘了一系列《旧约》故事,从创世纪到大

米开朗琪罗的创作花了整整四年时间,创作过程秘而不宣,他不想让任何人看到尚未完成的作品。

▲ 天顶画《创造亚当》中上帝身后的背景十分接近大脑的形状

▲ 16世纪临摹作品《丽达与天鹅》。原作为米开朗琪罗所画,现已佚失

卫生平,众先知和贵妇的形象也在其中。壁画场景恢宏、细节精妙、色彩鲜艳,人物形象逼真,仿佛呼之欲出。正如瓦萨里所言,这件作品足以"让观众静默沉醉"。作品一经完成,就立刻影响到其他艺术家的创作。二十五年后,应教皇克雷芒七世之邀,米开朗琪罗又在西斯廷小教堂东墙上创作了《最后的审判》。尽管"最后的审判"这一主题在中世纪教堂中屡见不鲜,但米开朗琪罗的处理方式却别出心裁。无论是行将升入天堂者还是即将堕入地狱者,作品中所有人物都被描

绘成裸体形象,画面具有强烈的情感冲击力。

这幅壁画引起了教会的长时间抗议。在米开朗琪罗去世后不久,画中人物的下体被绘制出的帷幔谨慎遮盖起来。宗教审查者们认为古希腊异教理念拉低了神圣宗教主题的格调。然而,米开朗琪罗的看法却恰恰相反。他认为古典写实主义手法让基督教真理更容易为民众所理解。

米开朗琪罗并未完成教皇尤里乌斯二世的建陵工程。除众多雕塑作品外,他还绘制了圣彼得大教堂的穹顶设计图,参与了意大利最宏伟的文艺复兴时期宫殿之一法尔内塞宫的大规模重建。鉴于他极少雇助手,他的工作量令人叹为观止。

1564年,米开朗琪罗在罗马去世,享年八十八岁。教皇庇护四世下令将他安葬在梵蒂冈,希望罗马借此留住这位艺术家。但教皇最终尊重了艺术家的遗愿,将其遗体送回佛罗伦萨。为米开朗琪罗设计墓碑的瓦萨里写道:"他来到这个世界上成为艺术家的楷模。他的一生和他的艺术值得世人学习。"

西斯廷小教堂的天顶画是如何画就的？

揭秘米开朗琪罗文艺复兴杰作背后的技巧和绘画工具

16世纪初，米开朗琪罗在为西斯廷小教堂绘制天顶画时遭遇到巨大挑战。首先，天花板是表面弯曲的拱形。再加上还有位于窗户上方的小拱顶，除窗户周围的一些区域，几乎没有平坦的墙面，创作难度极大。米开朗琪罗需要在形状极不规则的墙面上逼真地描绘出人物形象，还得确保比例正确，人物动态自然。他能完成这个任务，充分证明了他非凡的艺术技巧。

另一个巨大的挑战是如何在离地面二十米高的天花板上作画。幸运的是，20世纪80年代开始的西斯廷壁画修复工程让我们得以了解到米开朗琪罗采用的方法。他建造了一个复杂的脚手架。脚手架包括一座能够覆盖整个拱顶并且可沿着与墙壁呈九十度角的轨道移动的桁架。因为脚手架可以在轨道上移动，所以米开朗琪罗可以够到天花板的各个区域。因为他需要充足的自然光线进行创作，不能遮挡住窗户，所以每次脚手架的覆盖区域仅占拱顶面积的四分之一。有趣的是，至今我们仍可在墙壁上看到当时脚手架支撑结构留下的孔洞。

米开朗琪罗面临的第三个问题是如何在天花板上画素描草图。在助手们的帮助下，他通过从西斯廷小教堂的一端到另一端拉伸涂了粉笔灰的绳子，将小教堂内部的拱顶分割成数个区域。如此这般，他得以确定了整个建筑的线性透视结构，从而在绘画中能够始终保持人物比例的准确。

米开朗琪罗面临的最后一个难题是壁画尺幅巨大。但他仅用了四年的时间就完成了壁画，着实令人拍案叫绝。完成壁画需要人力协助，所以他邀请了一些佛罗伦萨的朋友前往罗马当他的助手。

除绘制柱子和雕像等壁画中重复出现的物体，助手们还帮助米开朗琪罗搭建脚手架、准备灰泥、混合颜料、修剪画刷，以及在纸上绘制与壁画等比例的素描稿，以便将图像最终绘制到拱顶上。这个过程包括将绘有素描的纸张压在天花板上，围绕轮廓刺上小孔，然后覆盖黑色粉笔灰以便在拱顶灰泥上显现出虚线轮廓。

▶ 经过修复，西斯廷小教堂天顶画的颜色与最初绘制的已经非常接近

西斯廷小教堂 关键日期

1480年 教皇西斯笃四世（右图）委托修建西斯廷小教堂。

1508年 米开朗琪罗开始绘制西斯廷小教堂天顶画。

1512年 米开朗琪罗完成西斯廷小教堂天顶画（右图）。

1979年 完成初步分析和测试，对修复工程的可行性做出评估。

1984年 西斯廷小教堂修复工程启动。

1994年 修复工程结束，西斯廷小教堂重新对公众开放。

拉斐尔

拉斐尔是文艺复兴时期最具人文主义色彩的艺术家之一，
其作品展现出非凡天赋、高超画技和唯美博爱

作者：德里克·威尔逊

他出生时名为拉斐尔·桑西（Raffaello Santi）。父亲乔凡尼·桑西是乌尔比诺大公的宫廷画师。乌尔比诺是坐落在亚平宁山脉东坡上的一座小山城，从那里可以俯瞰茂盛的田野、浓密的树林和肥沃的葡萄园，这些美景深深吸引着拉斐尔。对于他来说，风景在他的艺术创作中始终占据着重要位置。因为居住在华美府邸的蒙特费尔特罗（Montefeltro）大公一家都是慷慨且开明的艺术赞助人，所以拉斐尔的成长环境非常优越。

蒙特费尔特罗家族对拉斐尔非常赏识，为他提供了优厚的报酬。15世纪，意大利北部城邦国家的主仆关系开始发生转变。艺术家们以往仅仅是被雇主雇用的工匠，通常为教会等机构完成一些艺术项目。但是，15世纪的开明统治者更加看重画家、建筑师、雕塑家和学者。有才华的艺术家可以为王公贵族的宫廷增色添彩，衬托威仪。在和平时期推进艺术发展被视为与发展军事同等重要的大事。人们开始重视拉斐尔这样的人，不仅因为他们技艺精湛，还因为他们思想与众不同，对时下潮流颇有了解。

拉斐尔一家住在乌尔比诺市中心一幢宽敞的房子里。然而，拉斐尔的童年并非一帆风顺。他八岁丧母，十一岁丧父，少年时期就已经显示出天赋异禀。作为监护人的叔叔安排他进入彼得罗·佩鲁吉诺（Pietro Perugino）的工作室学艺。彼得罗·佩鲁吉诺在佩鲁贾和佛罗伦萨都有工作室，艺术订单很多。拉斐尔生逢其时。当时意大利正值文艺复兴盛期的黄金年代，也是艺术家、建筑师和各类工匠备受重视的年代。各地主教和

法国新古典主义画家安格尔（Jean-Auguste-Dominique Ingres）在1814年前后创作的这幅画，描绘了拉斐尔和初恋情人拉·弗娜里娜（La Fornarina）在一起的场景

▲ 这幅自画像中的拉斐尔大约只有二十三岁

城市统治者都热衷以最新风格的艺术品来装饰房屋、公共建筑和教堂。品位不凡的赞助人意味着艺术家有机会展露才华。拉斐尔声名日隆，十七岁时便已经能够自己吸引艺术赞助者。

像大多数艺术家一样，拉斐尔过着四处奔波的生活，经常先去到这里画祭坛画，又转到那里创作壁画，然后又到别处完成宫廷政要的肖像画。1504—1508年，已经开始独立创作的拉斐尔生活在佛罗伦萨。充满活力的他经常忘我地投入创作之中。那时，他在佛罗伦萨了解了新

▲《草地上的圣母》描绘了圣婴耶稣和小施洗者约翰相聚的场景

古典主义风格,并为己所用。乔尔乔·瓦萨里在1550年出版的《艺苑名人传》中介绍了建筑师巴乔达·尼奥洛(Baccio d'Agnolo)工作室定期举行的一个文艺讨论小组,书中提到,"在最声名显赫的参与者中,就有当时还是年轻人的拉斐尔"。

二十多岁的拉斐尔已然是崭露头角的艺术家,才气惊人。我们从他最早的签名作品《被钉在十字架上的耶稣》中就可以看出他的别具匠心。这件作品是为意大利翁布里亚(Umbrian)

《被钉在十字架上的耶稣》描绘了天使在用圣杯来接耶稣流下的鲜血

区斯泰洛城（Città di Castello）创作的。在传统的宗教题材绘画中，耶稣和圣母往往头戴光环，有时还被置于金色背景之中，以强调绘画题材的永恒性和神圣性。文艺复兴之后的画家则往往将《圣经》场景描绘为在日常世界里发生的历史事件。《被钉在十字架上的耶稣》介于这两种风格之间，以真实的风景和人物为背景，蓝天明媚，天使翩翩，整幅画作笼罩着神秘气息。

当时，肖像画市场越来越大。赞助人有时会出钱请画家将自己的形象描绘为宗教场景的"见证者"或"参与者"。在文艺复兴时期，一些知名人物则要求画家用画笔捕捉他们的面容，作为送给爱人的礼物，或为永久留下他们的形象。描绘人脸极富挑战性，这让艺术家们深深着迷。他们创作肖像画来歌颂美本身，或是为了挑战自己，来捕捉"面容背后的灵魂"。在佛罗伦萨，除创作有《蒙娜丽莎》的达·芬奇外，没有人比拉斐尔更擅长绘制女性肖像。他的作品《抱独角兽的女子肖像》中的女子可能是乌尔比诺的宫廷成员，因为独角兽是统治乌尔比诺的蒙特费尔特罗家族的象征。同时，这幅画也是对贞洁的致敬，因为独角兽象征着纯洁。毫无疑问，拉斐尔用画笔成功捕捉到了一位即将成年的美丽少女的神情：一半迷惘，一半挑衅。

拉斐尔为教皇尤里乌斯二世绘制的《尤里乌斯二世肖像》（1511—1512年），与他之前的肖像画完全不同，但同样富有寓意。尤里乌斯二世是教会史上最有作为的教皇之一。他于1503年当选，被称为"战神教皇"和"恐怖教皇"。在短短十年任期内，他痛下决心扫除梵蒂冈的腐败积弊，还亲自带领军队赶走了入侵意大利的法军，展开对罗马的大规模重建。然而，拉斐尔笔下的肖像并不是一位强力变革者的形象。这幅画是在尤里乌斯二世生命的最后一年绘制的，此时

▲ 拉斐尔于1505年前后创作的《抱独角兽的女子肖像》。独角兽是欧洲中世纪浪漫故事中贞洁的象征

他的雄心壮志已使教会金库濒临破产。拉斐尔画中的尤里乌斯二世形象是一位饱受痛风和梅毒折磨、面容憔悴的老人，苦思冥想着此生为之努力的一切何以付诸东流。

很少有人比拉斐尔更了解这位教皇。尤里乌斯二世几乎每天都与拉斐尔会面，对他正在进行的创作关注到近乎痴迷。就在米开朗琪罗闭门创作西斯廷小教堂天顶画时，拉斐尔正忙于改造教皇待客理政的房间。教皇的建筑师、比拉斐尔年长的多纳托·布拉曼特（Donato Bramante）曾让拉斐尔悄悄一睹他正在创作的惊人作品，这激发了拉斐尔的创作灵感。

梵蒂冈签字大厅里有两幅相对而立、令人击节叹赏的壁画。两幅壁画里人物众多，完美体现

▲ 教皇尤里乌斯二世下令重修圣彼得大教堂

了文艺复兴时期的核心思想：通过神的启示和哲学探索来追求真理。壁画《圣体辩论》描绘了一场神圣的弥撒仪式。画中，天上有圣父上帝、圣子耶稣、化为鸽子的圣灵，两侧是《旧约》中的先知和《新约》中的使徒。在画作下方，神学家们热烈讨论着圣典细节。这幅画作的正对面则是著名的壁画《雅典学院》。在刻有多立克柱的拱顶之间，拉斐尔描绘了伟大的古希腊思想家们的光辉形象，包括亚里士多德、苏格拉底、柏拉图、欧几里得等。拉斐尔以他同时代的主要学者为模特，绘制了古希腊哲人的面容。在壁画最右侧，他甚至画上了自己的形象。这两幅壁画清晰地传达了文艺复兴的精神：将古希腊对智慧的探索与神的启示相融合。这种融合成为文艺复兴的伟大传统。

拉斐尔壁画构图复杂精妙，令人印象深刻。但数百年来，人们更喜欢他笔下的圣母子。拉斐尔多次以圣母子为主题，为那些需要装饰教堂或自己家庭的委托人创作油画。他创作的以圣母子为主题的油画至少有十七幅流传于世，这些画作均采用三角形构图。这种构图方式也是由拉斐尔发扬光大的。

▲ 梵蒂冈签字大厅墙壁上的《雅典学院》画作令大厅"蓬荜生辉"

1513年,尤里乌斯二世去世,拉斐尔仍在继续创作梵蒂冈壁画。新任教皇利奥十世迷恋奢华,纵情享乐。他请拉斐尔参与更为宏大的艺术项目,如设计一组描述圣彼得和圣保罗生平的挂毯。如今拉斐尔已十分富有,他所居住的宫殿正对着修建中的圣彼得大教堂。

晚年的瓦萨里描绘了拉斐尔在罗马街头被一群艺术学徒和崇拜者包围的场景。1520年,拉斐尔发烧生病,同年4月6日三十七岁生日当天,这位艺苑名人溘然长逝。

作为文艺复兴时期最具亲和力、最受欢迎的艺术家,拉斐尔在后来的数个世纪依然光彩夺目。他的作品饱含古典美,突出了人的美好。1833年,他的陵墓对公众开放,供崇拜者瞻仰。鉴于拉斐尔深远的影响力,19世纪中叶,有几位想要革新画风的艺术家[①]认为有必要与他的风格做一区分,便称自己为"拉斐尔前派",但仍然难以与拉斐尔撇清关系。

---

① 罗塞蒂、米莱斯等英国画家。

科西莫一世：美第奇大公

名不见经传的科西莫鸿运当头，执掌起美第奇家族。
他依靠铁腕统治，成为托斯卡纳大公

作者：伊丽莎白·诺顿

科西莫一世曾默默无闻，却一跃成为美第奇家族最伟大的统治者之一。他的母亲是"豪华者"洛伦佐的外孙女，作为知名雇佣军的父亲则是美第奇家族的旁支后裔。科西莫一世出生于富裕之家，但在美第奇家族继承人中排位靠后。然而，1537年，佛罗伦萨公爵亚历山德罗遇刺后，一切都发生了改变。

当时的科西莫一世年仅十七岁。亚历山德罗遇刺震惊了整个美第奇家族，家族继承权问题随即在混乱中浮出水面。当时，美第奇家族唯一的直系男性继承人年方四岁，几乎没有人支持他继承。在谋杀事件发生后不久，家族把目光一起投向了科西莫一世。他迅即离开家乡穆杰罗，动身前往佛罗伦萨，华丽转身成为新公爵。

公爵府的人对科西莫一世一无所知，之所以选中他仅仅因为他身上流淌着美第奇家族的血。不过，科西莫一世留给他们的最初印象一定还不错：和他父亲一样，科西莫一世体格健壮，受过良好的教育。这位年轻的公爵态度认真，举止端庄。后来，人们把其性格的内敛视为"神秘莫测"，随从们抱怨他们猜不透公爵的心思，也无从了解他意欲何为。科西莫一世喜怒无常，难以捉摸。威尼斯使者对其多变性格这样写道："和威尼斯盛传的一样，科西莫一世时而和蔼可

科西莫一世意外继承美第奇公爵之位后，满心欢喜地接受了这一新角色

科西莫一世的办公楼

科西莫一世建造了著名的乌菲齐宫。
它是世界上首批办公楼之一

为确保美第奇王朝的稳定,科西莫一世决心对佛罗伦萨的行政权力进行集约化管理。因此,他雇用的官员越来越多,而这些官员需要工作场所。为解决这一问题,科西莫一世决定在自己的公爵府附近建造一座新宫殿。宫殿从1560年开始动工,科西莫一世毫不吝啬地投入四十万枚弗罗林金币用于建设工程。设计之初,这座建筑的用途是为佛罗伦萨的法官和其他官员提供办公场所,故而称为乌菲齐,意为"办公室",这是世界上最早的办公楼之一。尽管乌菲齐并非科西莫一世的宅邸,但他将这座建筑修得壮丽巍峨,以彰显自己的尊贵身份。在建筑外面,矗立着一尊真人大小的科西莫一世雕像,两侧立有象征严肃、正义政府的寓言人物,借此向全世界宣告他的统治意图。1581年,这座宏伟的建筑终于竣工。如今,乌菲齐宫作为美术馆而闻名遐迩,里面收藏有世界上部分最重要的艺术品。早在1581年,也就是科西莫一世之子弗朗切斯科一世统治时期,乌菲齐宫就开始对外开放,以展示美第奇家族收藏的大量艺术珍品。弗朗切斯科将法官办公楼上的一条走廊改造成了雕塑画廊,而他所收藏的绘画和其他奇珍异宝则存放在了八角形展厅里。许多类似的无价之宝至今都保存在乌菲齐宫内。

▲ 最初,乌菲齐宫是作为行政办公楼而建的。如今,它已成为美术馆,收藏有世界上部分最珍贵的艺术品

亲,时而严厉冷酷。他随心所欲,反复无常。"

科西莫一世初次抵达佛罗伦萨时,他的这些个性特点并没有立刻表现出来。周围的人希望这位新公爵将佛罗伦萨的统治权交给他们,其中就包括亚历山德罗公爵的首席顾问弗朗切斯科·圭恰迪尼(Francesco Guicciardini)。然而,他们很快就发现,科西莫一世自有主张。

虽然科西莫一世登基时得到了部分统治阶层的支持,但并非所有人都对这位新公爵的到来表示热烈欢迎。抵达佛罗伦萨后,科西莫一世立即诉诸武力来确保自己能够顺利继承公爵之位。1537年7月,在西班牙军队后援下,这位新公爵击败了佛罗伦萨图谋推翻其统治的流亡政权军队。敌军中有来自佛罗伦萨显赫家族的成员。凯旋的科西莫一世把俘虏游街示众,随后将他们的首领处决。他对政敌狠辣无情,表明他是一个不容易被人操纵之人。

科西莫一世刚到佛罗伦萨时,这座城市濒临破产,派系林立,阴谋四起。时至1537年,意大利成为神圣罗马帝国查理五世(同时为西班牙统治者)和法兰西弗朗索瓦一世逐鹿之地已有数年之久。尽管科西莫一世与查理五世保持着良好的关系(查理五世认为佛罗伦萨是神圣罗马帝国的封地),但他决心确保佛罗伦萨共和国的独立。1543年,土耳其对神圣罗马帝国构成越来越大的威胁,科西莫一世和查理五世坐下来谈判,支付囊中羞涩的查理五世二十万弗

教皇亲自在罗马西斯廷小教堂为科西莫一世加冕。

罗林金币,以换取查理五世归还位于比萨和里窝那的要塞,并将帝国军队撤出佛罗伦萨。在其余生,他继续与神圣罗马帝国皇室建立密切的外交联系,同时也积极提供援助,促成其堂姐凯瑟琳·德·美第奇在丈夫亨利二世故去后成为法兰西摄政太后。

作为美第奇家族最后的男性后裔之一,科西莫一世深知他有赓续家族血脉之责。他把自己名为比雅(Bia)的私生女带到佛罗伦萨,让她的母亲负责抚养,但他仍然需要合法的继承人。最初,科西莫一世原本打算与亚历山德罗公爵的遗孀奥地利的玛格丽特联姻,但最终与背景深厚的托莱多的埃莉诺结成连理。这段婚姻十分幸福,存续二十三年间,公爵夫人生下了十一个孩子。科西莫一世对人丁兴旺的家庭感到十分欣慰,经常与家人一起在家静静地用餐。私下里,他的饮食简单,很少展露笑颜。他最热衷的消遣是狩猎,常常乐此不疲。

虽然科西莫一世喜欢宫内相对简朴的生活,但他也在精心打造自己美好的公众形象。像其美第奇祖辈一样,他是艺术的赞助人,力促佛罗伦萨彰显出美第奇王朝的荣耀。1542年,他协助创办了学术组织斐奥伦提那(Fiorentina)学院,对建筑项目慷慨解囊,如最初设计作为行政办公楼使用的宏伟的乌菲齐宫。

科西莫一世还向教堂不吝捐款;扶持圣母百花大教堂合唱队;在圣洛伦佐教堂里为父亲建造了一座墓碑。

科西莫一世打造奢华宅邸旨在彰显美第奇家族的社会地位。1545年,他投资开设了两家自

▲ 这幅创作于1559年的画作描绘了科西莫一世广受赞誉的皮蒂宫和附近的波波利花园

▲ 1549年，托莱多的埃莉诺买下皮蒂宫。科西莫一世为彰显自己的权威，斥巨资对宫殿进行了翻修

己的织布工场，以确保他的宅邸墙壁上能点缀最精致昂贵的装饰品。此外，他还委托创作了许多精美艺术品，定制了美第奇家族祖先的肖像画，以此装饰他在领主宫的私人房间。

科西莫一世为自己的宅邸耗资巨大，包括位于佛罗伦萨城外阿尔诺河南岸的皮蒂宫。他注重保护隐私，出于对遇刺的隐忧，他修建了一条人称"瓦萨里走廊"的有顶走廊。这个走廊从领主宫一路经过乌菲齐宫、维琪奥老桥，最终通往皮蒂宫。

鉴于上一位公爵遇刺和动荡不安的局势，科西莫一世对个人安全深感忧虑，这并不奇怪。为确保自身安全，他在佛罗伦萨织起一张间谍网络，该网络负责报告任何对他不满的言论。他还

禁止市民在城内携带武器。不过,科西莫一世本人比专横跋扈的亚历山德罗公爵更得民心,毕竟他还允许人们在他骑马穿过城市时与他接近。

科西莫一世非常勤政,据说他会在天亮之前的两三个小时就起床。他重组了共和国的行政机构,并在城市的防御上花费巨资。随着持续统治,他的军事实力得到了越来越多人的认可。在神圣罗马帝国对土耳其的战争中,科西莫一世的海军发挥了重要作用,强化海军成为他的军事重心。科西莫一世曾经说过:"所谓强大必须同时体现在海上和陆上,否则就算不上真正强大。"

科西莫一世的军事行动并非都专注于防御,他还致力于积极的外交政策。1554—1557年,他对邻国锡耶纳策动了一场血腥战争,使锡耶纳

▲ 为赓续血脉，科西莫一世与西班牙托莱多的埃莉诺成婚。画中人是埃莉诺和次子乔凡尼

人口从一万四千人锐减到六千人。名利双收的他控制了这座城市，将其作为西班牙封地。这场战争因耗费巨大而遭到佛罗伦萨人的指责。破败的锡耶纳城及周围的土地对科西莫一世的财政几乎没有任何贡献。但对于科西莫一世个人来说，因为他想建立以佛罗伦萨为中心的国家，故而掌控锡耶纳至关重要。

随着年岁渐长，科西莫一世功名日益卓著，佛罗伦萨也日益繁荣，但他的内心却时常悲伤萦绕。几个孩子的夭折令他深感痛楚。1562年，饱受病痛折磨的妻子埃莉诺在他怀抱中静静离世。自1564年起，科西莫一世开始退出政务，将政务委派给自己的长子。后来，科西莫一世迎娶了多名情妇中的卡米拉·马泰利（Camilla

◀ 科西莫一世希望以伟岸的形象呈现自己。文森佐·丹蒂（Vincenzo Danti）创作的这件雕塑将其塑造成了罗马皇帝奥古斯都的形象

Martelli),两人育有一女。

1564年以后,科西莫一世的生活复归平静,但他仍未实现自己的人生抱负:建立独立的国家,成为亲王。1569年,他终于实现了这一目标,荣膺托斯卡纳大公头衔,成为意大利首屈一指的公爵,与欧洲北部的公爵比肩。同年12月,万分喜悦的科西莫一世在佛罗伦萨大教堂举行了一场感恩仪式。仪式上,美第奇家族纹章上加上了一顶王冠。1570年3月5日,教皇亲自在罗马西斯廷小教堂为科西莫一世加冕。这一刻见证了他人生抱负的最终实现。

加冕之时,科西莫一世已身染重疾。患有痛风的他需要乘坐轿辇。晚年的科西莫一世多次中风,最终瘫痪。1574年4月21日,托斯卡纳大公科西莫一世去世,时年五十五岁,托斯卡纳大公国由其子弗朗切斯科继承。正是这位公爵使贫困的佛罗伦萨繁荣重现,将托斯卡纳变为意大利最重要的公爵辖区。

▲ 继位数年后的科西莫一世的肖像画。身材健壮的他既是非凡的武士,又是精明的政治家

宫殿、赞助人和王公贵族

美第奇家族对艺术的热爱和对佛罗伦萨的操控，从其在权力巅峰时所建造的华丽宫殿、教堂和别墅中可见一斑

作者：琼·伍乐顿

从位于穆杰罗的美第奇家族早期府邸到金碧辉煌的大公宫殿，与美第奇家族相关的建筑物始终是这个家族对艺术赞助的明证。

随着美第奇家族权倾朝野，富可敌国，家族中最为著名的成员纷纷用建筑来彰显自身的实力与地位。同时，这些建筑也丰富了他们所统治区域的文化生活。建造、装饰豪宅府邸、修建教堂和礼拜堂都使美第奇家族有机会向富有创意的设计师提供赞助。他们对建筑师、艺术家和能工巧匠的支持反映了新思想的传播，成为文艺复兴发展到巅峰的标志。

在统治后期，美第奇家族委托建造与其贵族地位相匹配的建筑物。16世纪所修建的宏伟宫殿最终比居住其中的公爵们所实际拥有的权力更引人注目，此时，美第奇家族已经对佛罗伦萨这座已成为他们家族代名词的城市实现了完全的掌控。美第奇王朝通过宫殿、别墅和教堂统治了这座城市及其周边地区。这些建筑物以多样的风格和无价的珍藏，从视觉上彰显出美第奇家族赫赫扬扬的地位。

▲"出人头地"策略助力老科西莫带领美第奇王朝崛起,而美第奇宫正是"出人头地"的具体体现

美第奇宫

1445 年

由老科西莫下令建造的美第奇宫是美第奇王朝的具体象征。这座宫殿坐落在佛罗伦萨市中心,比其他豪宅更为宏伟,但不事张扬,低调而奢华。

老科西莫决定他的王朝需要一个更大的府邸,于是买下了美第奇家族老宅附近的地产,随后立即将原有房屋全部拆除,让建筑师米开罗佐开启全新的建筑工程。

竣工后的建筑杰作是一座宫殿,采用嵌石地板的文艺复兴风格。这一设计多年后还影响着佛罗伦萨的建筑审美。宫殿位于城市中心,沿着拉尔加(Larga)街延伸开来,十分引人注目,上面多处刻有美第奇家族的著名象征——印有球状物的金盾。这一族徽在宫殿的各个角落都能看到。

宫殿内部也同样富丽堂皇。除有壁画装饰的庭院和精美花园外,美第奇宫还有一个称作贤士小圣堂的地方。小圣堂里的装饰体现了美第奇王朝的权力。贝诺佐·高佐利创作了一幅描绘东方三贤士在托斯卡纳行进的壁画,场景中的许多人物都被描绘为美第奇家族成员。

1517年,米开朗琪罗对这座建筑进行了部分重新装修,独具匠心地为一楼设计出看起来像一双腿支撑着窗台的"跪窗"。1540年,科西莫一世将家族主要住所迁至领主宫后,美第奇宫由美第奇家族远亲居住,直到1659年由里卡迪(Riccardi)家族收购。

普拉托利诺庄园

1569—1581 年

普拉托利诺（Pratolino）庄园原本是浪漫的象征，后来却沦为浪漫的废墟。这座庄园的修建最初是为打动一位情妇，而这位情妇后来摇身一变成为王后。

弗朗切斯科一世·德·美第奇对漂亮的情人碧昂卡·卡佩罗倾心不已，委托贝尔纳多·博塔伦蒂（Bernardo Buontalenti）为她在新征服的瓦格利亚（Vaglia，距佛罗伦萨以北约10英里处）领地上设计一座庄园。同时代的人称这座庄园与罗马埃斯特庄园相比也毫不逊色。和许多美第奇家族的庄园一样，普拉托利诺庄园最为人称道的是花园和广阔绿地。庄园里屹立着著名雕塑，包括弗朗切斯科一世最喜爱的艺术家詹博洛尼亚（Giambologna）创作的亚平宁巨人像。花园里，弗朗切斯科一世还委托修建了一系列喷泉。他的爱巢还拥有人造洞穴和精心营造的花园，里面种满了奇花异草。当弗朗切斯科一世和碧昂卡最终完婚时，两人选择在普拉托利诺庄园举办婚宴庆典。他们去世后，这座庄园逐渐荒废。后来，美第奇家族将花园中的部分雕塑挪至其他庄园作为装饰物。时至18世纪，普拉托利诺庄园成为一座人们津津乐道的浪漫废墟。

▲ 这座湮没在历史尘埃中的普拉托利诺庄园曾是托斯卡纳大公弗朗切斯科一世为其爱人打造的童话之家的一部分

圣洛伦佐教堂

1419 年

自393年起，圣洛伦佐教堂就在此矗立。1418年，美第奇家族的财富缔造者乔凡尼·迪·比奇出资对教堂进行翻修。他委托布鲁内莱斯基负责整个项目。教堂内部以冰冷的灰色石柱、光滑的拱顶和方格造型的天花板构筑出宏伟壮丽的空间。然而，教堂的外立面却极为朴素。事实上，曾经进行过多次教堂外立面设计竞赛，拉斐尔也曾贡献了自己的构思，而后米开朗琪罗赢得了设计委托。不过，他的设计理念最终也未能得以实现。

圣洛伦佐教堂藏有文艺复兴时期的部分最著名艺术家的杰作。多纳泰罗创作了两个青铜圣洗盆，这也是他人生最后的作品。布鲁内莱斯基设计了老圣器室，多纳泰罗协助他完成了内部装饰。安东尼奥·马内蒂（Antonio Manetti）负责修建了修道院和教堂地下室。马特利（Martelli）礼拜堂中收藏有菲利普·利皮的著名画作《天使报喜》。

几个世纪以来，圣洛伦佐教堂一直是美第奇家族的家族教堂。使美第奇家族成为佛罗伦萨第一家族的老科西莫就葬在主祭坛前方。

▲ 如今，圣洛伦佐教堂坐落在一个庞大建筑群的中心，与藏有四千多册早期印刷典籍的老楞佐图书馆比邻

皮蒂宫

1458 年

▲ 科西莫·德·美第奇去世后,皮蒂宫原主人卢卡·皮蒂因家道中落不得不停止修建这座建筑

这个美第奇家族晚期统治的象征由美第奇家族早期盟友卢卡·皮蒂委托布鲁内莱斯基及其学生卢卡·凡切利(Luca Fancelli)所建,显然是想比美第奇宫更胜一筹,连窗户都要比美第奇宫的大。然而,不到一个世纪,皮蒂家族的后人便将其出手。

新主人是科西莫一世的夫人托莱多的埃莉诺。他们请来乔尔乔·瓦萨里将宫殿改造成公爵府邸,面积扩大近一倍。瓦萨里还在皮蒂宫和科西莫夫妇官方住所领主宫之间搭建了一条空中走廊。

科西莫一世还邀请他所欣赏的雕塑家尼科洛·特里波洛(Niccolo Tribolo)来设计花园,但不幸的是,尼科洛·特里波洛一年后便撒手人寰,未竟工作由巴尔托罗梅奥·阿曼纳蒂(Bartolomeo Ammanati)接替。二人共同的艺术结晶波波利花园在全欧享有盛誉。花园里有个庭院,将花园与皮蒂宫连接在一起。

弗朗切斯科一世将皮蒂宫打造成美第奇家族的主要住所,并将家族的大量艺术品收藏于此。美第奇家族统治后期,公爵通常住在宫殿的一侧,而继承人则住在另一侧。

美第奇家族统治结束后,皮蒂宫落入拿破仑之手,成为他的权力基地。后来,皮蒂宫一直是新统一后的意大利国王的住所,直到1919年维托利奥·埃马努埃莱(Victor Emmanuel)三世将宫殿和大量艺术品捐赠给意大利政府。

卡雷吉别墅

1417 年

早在 1417 年，美第奇家族就购买了卡雷吉别墅。那时，美第奇家族族长还是乔凡尼·迪·比奇。乔凡尼的长子科西莫请来他最欣赏的建筑师米开罗佐重新设计别墅，将有封闭凉廊的庭院打造成与他如日中天地位相匹配的豪华府邸。

科西莫定期打理别墅内围墙环绕的花园，并在此创办了新柏拉图学园，将其打造成一个文化中心。他在卡雷吉别墅度过了生命中最后一个夏天，于 1464 年 8 月 1 日在此辞世。其孙"豪华者"洛伦佐也对卡雷吉花园深深着迷，还对其进行了扩建。1492 年，洛伦佐去世，别墅和花园便再无人照料。17 世纪中叶，红衣主教卡洛·德·美第奇将别墅重新翻修。1779 年，美第奇家族将其作价变卖。

▲ 这座位于佛罗伦萨山区的别墅的花园和果园由美第奇家族第一批居民精心种植培育而成

卡斯特罗庄园
1427 年

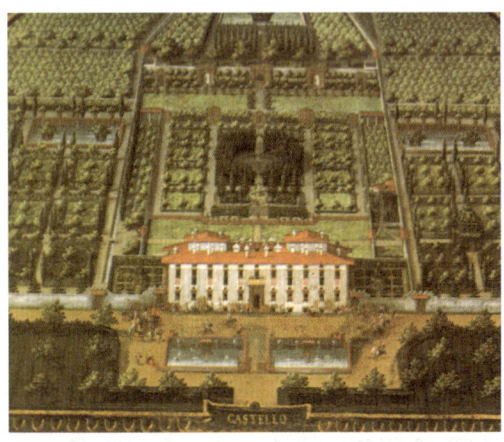

▲ 卡斯特罗庄园位于佛罗伦萨西北部的塞斯托-菲奥伦蒂诺（Sesto Fiorentino）附近，是一座两层别墅，其花园闻名遐迩，反倒显得庄园本身相形见绌

卡法吉欧罗别墅
14 世纪

▲ 卡法吉欧罗别墅围绕庭院建造而成，花园呈现的是典型的文艺复兴风格

早在1477年，美第奇家族就买下卡斯特罗（Castello）庄园。1569年科西莫一世成为托斯卡纳大公后，它成为其形象代言。美第奇家族接手之前庄园就加盖了走廊和厨房。波提切利最著名的两幅画作《春》和《维纳斯的诞生》也收藏在这座庄园里。科西莫一世则请来了建筑大师乔尔乔·瓦萨里，将庄园变成美第奇家族长戟高门的象征。

科西莫一世还请来尼科洛·特里波洛，希望他将庄园的花园打造成艺术之园。布局规整的花园陈列着许多著名的雕塑作品，包括一处展现大力神赫拉克勒斯对战巨人安泰的喷泉。此外，花园还矗立着颂扬古罗马荣光的雕塑。科西莫一世想通过这些雕塑来表达正是他的统治将家族带入了空前的辉煌。这些花园经美第奇家族后代扩建（科西莫三世为庄园增建了温室），成为欧洲其他地区造园的灵感之源。1737年，这座庄园不再属于美第奇家族。

这座别墅位于巴尔贝里诺-迪-穆杰罗（Barberino di Mugello），是美第奇家族早期家宅，最初由家族财富缔造者乔凡尼·迪·比奇的父亲阿韦拉多·德·美第奇拥有。这座别墅经常为美第奇家族所用。1452年，老科西莫请米开罗佐翻修，将其打造成一座乡村避暑别墅。这座别墅也是美第奇家族的避难所，当佛罗伦萨暴发瘟疫或面临来自政敌的威胁时，一家人就会躲到这里。它也是"豪华者"洛伦佐最喜欢的家宅，在这里举办过一些远近闻名的娱乐活动，吸引来当时的一些文化名流。此外，这座别墅还是教皇利奥十世的童年寓所，也是包括奥地利的玛格丽特等新娘的下榻之处。然而，这座别墅同时也是一段黑暗往事的见证者。1576年，彼得罗·德·美第奇因得知妻子埃莱奥诺拉（Eleonora）出轨，在这里将她谋杀。

这座别墅一直在美第奇家族手中，直到1737年美第奇王朝的末代后裔吉安·加斯托内去世。

美第奇家族礼拜堂
1520 年以前

教皇克雷芒七世提议修建宏伟的家族礼拜堂，以便像他一样荣耀家族的美第奇子孙可以安眠于此。美第奇礼拜堂后来成为圣洛伦佐建筑群的一部分。

1520 年，米开朗琪罗开始该项目的施工。1524 年，他设计的新圣器室竣工，但礼拜堂里陵墓的雕塑尚未全部完成。17 世纪初，科西莫一世在礼拜堂建造大公陵墓的计划由弗朗切斯科一世重新启动，于 1604 年聘请马泰奥·尼杰蒂（Matteo Nigetti）着手建造王子圣堂。科西莫一世的私生子、对建筑有所涉猎的乔凡尼负责监工。这座巴洛克风格的建筑装饰华丽，使用了大量大理石和半宝石作为建筑材料，大公陵墓上方还有青铜雕像作为点缀。

▲ 王子圣堂是六位美第奇家族托斯卡纳大公的安息之所

菲耶索莱别墅

1458—1461 年

科西莫·德·美第奇购买了位于佛罗伦萨市中心东北部菲耶索莱（Fiesole）的地产。1458年，建筑师米开罗佐开始对原有简朴住宅进行改造。

这座别墅拥有无尽的美景和浪漫的氛围，后来归"豪华者"洛伦佐所有。洛伦佐买下周围的土地，扩建了别墅和花园，将其打造成一个波利齐亚诺、马尔西利奥·费奇诺和皮科·德拉·米兰多拉等知名思想家接踵而至的文化中心。

这座别墅采用15世纪典型的宫殿建筑风格，拥有宽敞的拱廊。它一直保留在美第奇家族手中，直至1671年出售。如今，该别墅因其花园而闻名，是所有美第奇别墅中保存最完好的花园之一。

▲ 1922年，乔治五世的女儿玛丽公主和新婚丈夫拉斯塞尔斯（Lascelles）子爵曾在此欢度蜜月

领主宫

1299 年

在科西莫一世之前,领主宫就见证了美第奇家族在佛罗伦萨政坛的辉煌崛起,而年轻的科西莫一世将其改造成与他尊贵的公爵身份相称的宫殿。

领主宫最初作为佛罗伦萨政府机构总部而修建,是佛罗伦萨执政团的办公大楼。15世纪,这座建筑逐渐落入美第奇家族之手。在与政敌斗争中,老科西莫曾被囚禁在这座建筑内。几十年后,帕齐阴谋发生后,它成为佛罗伦萨支持美第奇家族统治的大本营。1540年,科西莫一世将其官邸搬至这里,并请来享有盛誉的建筑师乔尔乔·瓦萨里对其进行改建。随着科西莫一世再次将宫廷迁至皮蒂宫,这座建筑获得了如今的旧宫之称。

▲ 15世纪末美第奇家族被流放离开佛罗伦萨期间,萨伏纳洛拉下令建造领主宫最著名的房间五百人大厅

教会贵族

单单拥有世俗财富和权力并不能使美第奇家族心满意足。为实现权力攀升，他们很快将目光投向教会

作者：伊丽莎白·诺顿

虽然美第奇家族中心怀虔诚的不乏其人，但将教会视为扩大政治影响力通衢的大有人在。为在佛罗伦萨和其他地方提升家族声望，他们只是表面上极力表现出对教会笃信而已。美第奇家族与教会的紧密关系始于乔凡尼·迪·比奇·德·美第奇。1397年，他创办了美第奇银行，为家族财富的积累奠定了根基。此后乔凡尼成为教皇的银行家，美第奇银行利润迅速飙升。

乔凡尼是虔敬的基督徒，对自己的灵魂能否得到救赎十分关切。他为佛罗伦萨教会慷慨解囊，包括出资重建圣洛伦佐教堂。当然，重建教堂并非完全出于他的信仰，也是为了营造家族陵地，向世人彰显美第奇家族与日俱增的声望。

美第奇家族早期就曾利用家族银行的财力与教皇建立起密切关系。1439年，乔凡尼的儿子科西莫成功说服尤金四世将费拉拉大公会议迁至佛罗伦萨，承诺为教皇提供巨额贷款。费拉拉大公会议试图统一天主教会和东正教会，具有极大的国际影响力，科西莫和儿子们在会议初期与会。1439年1月27日，科西莫欢迎教皇亲临佛罗伦萨，一个月后，他又为君士坦丁堡牧首举行正式欢迎仪式。这次会议给美第奇家族带来了巨额经济收益。美第奇银行罗马分行1439年的利润是往年两倍之多。这次会议也极大地提升了佛罗伦萨和美第奇家族在国际舞台上的声望。

与父亲一样，科西莫也是教会的慷慨资助者。作为银行家，为教会花掉的每一分钱他都详细记账，称其为"上帝账本"。他慷慨解囊，资助圣马可修道院，兴建新教堂、修士宿舍、食

利奥十世委托拉斐尔在梵蒂冈创作了壁画《查理曼加冕》。画中的两位教皇都是按照利奥十世的容貌绘制而成的

▲ 1534年，克雷芒七世委托米开朗琪罗在西斯廷小教堂创作壁画《最后的审判》

堂、图书馆和其他建筑。自己拥有典籍图书馆的科西莫将自己收藏的手稿和书籍捐赠给圣马可修道院，同时还委托为修道院祭坛创作了一幅镀金祭坛画。他要让自己为教会做出的捐赠之举家喻户晓。在圣马可修道院的祭坛画中，美第奇家族的守护神柯西马和达米安（Cosmas and Damian）[①]十分引人注目。美第奇家族的家徽也越来越频繁地出现在佛罗伦萨的各个教堂中。

美第奇家族为教会慷慨捐献的传统延续至家族的下一代。科西莫之子皮耶罗向圣母领报教堂赠送了一座价值超过四千弗罗林的圣龛，科西莫曾出资对这个教堂进行过翻修。

随着家族社会地位的不断攀升和财富的日益增长，美第奇家族开始把目光投向教职。1471年，西斯笃四世当选教皇，美第奇银行再次成为教皇银行家。1471年9月，科西莫的孙子洛伦佐·美第奇前往罗马祝贺西斯笃四世，新教皇以昂贵礼物作为回赠。

---

① 保护医生和药剂师的圣人。

美第奇家族将教会视为扩大政治影响力的通衢。

以奢华的生活方式闻名于世的洛伦佐·德·美第奇渴望为家族争取更高的地位。1472年11月,他写信给教皇,提到"长期以来一直希望家族里能出一位红衣主教",提醒西斯笃四世曾有过将洛伦佐的弟弟朱利亚诺擢升为红衣主教的承诺。然而,1473年,教皇欲贷款四万杜卡特为自己的侄子购买土地,却遭到洛伦佐的拒绝。次年,美第奇家族教皇银行家的身份遭到剥夺,取而代之的是政敌帕齐家族。同年晚些时候,教皇任命帕齐家族的一位成员担任比萨的大主教,再度对美第奇家族刻意冷落。

教皇默许了帕齐家族成员和自己的侄子们除掉美第奇家族兄弟的计划。1478年4月26日上午举行弥撒之际,弗朗切斯科·德·帕齐疯狂地刺杀了朱利亚诺·德·美第奇,同时两名神父向洛伦佐挥起了屠刀。洛伦佐身受重伤,但幸免于难,而他的弟弟朱利亚诺却死于非命,留下一个名为朱利奥的私生子由洛伦佐来抚养。

这场阴谋的后果十分惨烈,洛伦佐追捕并处决了包括参与刺杀的神父等主要密谋者。这给了教皇惩罚美第奇家族的机会。1478年6月1日,教皇签署了绝罚令,将洛伦佐逐出教会。不

▲ 圣洛伦佐教堂中殿。乔凡尼·迪·比奇·德·美第奇和其子科西莫是教堂重建的重要资助者

▲ 受科西莫委托，弗拉·安吉利科于1438年前后为圣马可教堂创作的奢华祭坛画

久之后，教皇对佛罗伦萨实施了教会禁令，直到1480年12月才予以解除。1484年8月，洛伦佐听闻一个喜讯：西斯笃四世一命呜呼。

新教皇英诺森八世和美第奇家族的关系要融洽得多。1487年2月，洛伦佐宣布将女儿许配给英诺森八世之子，出资四千弗罗林作为嫁妆。1489年3月9日，美第奇家族终于出了第一位红衣主教——洛伦佐年仅十三岁的次子乔凡尼。乔凡尼从而成为美第奇家族中攀上教会如此高位的第一人。1513年，他最终荣任教皇利奥十世，遇刺身亡的朱利亚诺·德·美第奇之子朱利奥也于1523年成为教皇克雷芒七世。

美第奇家族成员出了红衣主教，使得这个家族得以直接进入梵蒂冈政坛。1494年，美第奇家族遭到流放，后来之所以能重返佛罗伦萨，未来的利奥十世起到了关键作用。红衣主教乔凡尼借助教皇尤里乌斯二世的关系，让弟弟朱利亚诺于1512年9月1日回归佛罗伦萨，成为佛罗伦萨的掌权者。当乔凡尼于次年成为教皇利奥十世时，美第奇家族和佛罗伦萨都从中获益匪浅。

回到佛罗伦萨重新掌权后，美第奇家族再度开始为教会一掷千金。1519年6月，已于1513年成为红衣主教的朱利奥·德·美第奇宣布将斥资五万弗罗林对圣洛伦佐教堂进行翻修。这座教堂进而成为美第奇家族在佛罗伦萨的权力象征，大大提升了教会和美第奇家族的声望。利奥十世还从罗马请来拉斐尔等艺术家，开始大兴土木。

然而，1521年，利奥十世突然离世，使得美第奇家族在教会中的影响力有所减弱，但在教皇阿德里安（Adrian）六世昙花一现后，美第奇家族的影响力很快再次攀升。1523年，美第奇家族的朱利奥成为教皇克雷芒七世。克雷芒七世治下，政局动荡不安，1529年1月，美第奇家族又出了一位红衣主教，即十八岁的伊波里多·德·美第奇。像他的两位美第奇家族前任一样，他的生活远非圣洁，同时他还与堂兄弟佛罗伦萨公爵亚历山德罗·德·美第奇明争暗斗，互相倾轧。

1534年9月，克雷芒七世去世。翌年，红衣主教伊波里多·德·美第奇突然亡故。美第奇家族依旧为教会仗义疏财，因为他们深知，这样会提升他们在佛罗伦萨和国际舞台的威望。

美第奇家族在梵蒂冈政治舞台上扮演着重要角色。佛罗伦萨公爵科西莫一世利用自身影响力加持尤里乌斯三世于1549年当上教皇。美第奇家族在1559年的教皇选举中帮助庇护四世上位。作为报答，1560年，庇护四世将科西莫一世之子乔凡尼擢升为红衣主教。1562年，乔凡尼英年早逝，庇护四世又让其弟费迪南多接替其教职。科西莫一世与罗马教会的密切联系对他的仕途颇有裨益。1569年，庇护五世让他当上了托斯卡纳大公。背后的缘由显而易见，因为科西莫一世"始终是神圣天主教会和正义的捍卫者"。1570年3月5日，教皇在梵蒂冈西斯廷小教堂亲自为科西莫一世加冕。

在16世纪余下的岁月里，美第奇家族依然积极参与教会政治。因红衣主教费迪南多是其哥哥乔凡尼的继承人，为继承家业，结婚生子，他辞去红衣主教的圣职，于1587年继承了托斯卡纳大公的爵位。

作为大公，费迪南多在梵蒂冈政治舞台上呼风唤雨。1605年4月1日，他辅佐美第奇家族红衣主教亚历山德罗·德·美第奇选举成功，成为教皇利奥六世。不过选举过后不到一个月，这位新教皇便驾鹤西去。美第奇家族后代中虽然有多位担任红衣主教，但从此再没出过一位教皇。

美第奇家族深知教会能够带给家族无与伦比的威名。虽然他们与教会的关系有时分庭抗礼，但随着美第奇家族成为教会的掌舵人，家族命运与梵蒂冈教会政治已然水乳交融，难解难分。

▲ 1513年，原名为乔凡尼·德·美第奇的利奥十世成为美第奇家族的首位教皇

利奥十世：第一位美第奇家族教皇

风度翩翩、痴迷享乐的利奥十世终于登上教皇宝座，让美第奇家族一解霸主之渴。然而，新教皇及其家族发现，置身绝顶的生活并不那么简单

作者：琼·伍乐顿

乔凡尼·德·美第奇成为天主教会领袖利奥十世和大权在握、富埒陶白的世俗王国的统治者时，曾表示："既然上帝赐予我们教皇之职，那就让我们尽情享受吧。"他信守了对自己的承诺。首位美第奇教皇的时代特征是奢华消费，大力推动文化发展及擢升亲属。利奥十世继承了其父推动文化艺术和提升家族声望的雄心壮志。其父"豪华者"洛伦佐多次告诫他不要太过慵懒懈怠，但他对父亲的教导置若罔闻，最终因坐视新教改革在欧洲坐大而不顾，致使其统治的教会走向分裂。

利奥十世从小就表现出放任自流的人生态度。尽管如此，"豪华者"洛伦佐和夫人克拉丽丝·奥尔西尼对他们这个小儿子还是寄予厚望。1475年12月11日，乔凡尼·迪·洛伦佐·德·美第奇出生于佛罗伦萨。在他年仅三岁时，哥哥皮耶罗就自豪地逢人便讲，小小年纪的乔凡尼已经在学拼写了。两兄弟在成长过程中都得到了人文主义者们的真传，其中就包括乔凡尼·皮科·德拉·米兰多拉。

自小兄弟二人就已命中注定：皮耶罗将继承家族银行，牢牢掌控佛罗伦萨，而乔凡尼将走教

利奥十世让美第奇家族走进欧洲权力核心。他任命堂弟朱利奥为红衣主教,从而为自己未来的权力之路铺平道路

▲ 因亨利八世反对马丁·路德宗教改革，利奥十世授予前者"信仰捍卫者"的称号

利奥十世上任两年就把教皇金库挥霍一空。

会之路。大约七岁时，乔凡尼就接受了剪发礼，两年后，父亲洛伦佐就着手努力让他披上红衣主教法衣。

为铺平儿子在教会中的攀升之路，进而带来可观收入，洛伦佐在欧洲各地奔走求助。1492年3月，佛罗伦萨信众纷纷庆祝梵蒂冈教会的任职：年少的乔凡尼成为红衣主教。不久之后，乔凡尼前往罗马，当年夏季参加了选举教皇英诺森八世继任者的大会。洛伦佐深知，早点参与教权竞逐可以确保他的儿子很快成为罗马最有经验的红衣主教之一，进而有能力决定谁坐上教皇宝座，甚或自己取而代之。

然而，洛伦佐对儿子的厚望尚未梦想成真，他便于1492年与世长辞。年轻的乔凡尼回到佛罗伦萨后，很快就看到他的家族命运急转直下。美第奇家族失去了对佛罗伦萨的控制权，流亡国外。在欧洲北部，乔凡尼度过了一段寂寥岁月。1503年哥哥皮耶罗去世后，他成为家族的领导者。同年，他帮助选举尤里乌斯二世成为教皇。1511年，善于利用人脉的乔凡尼出任博洛尼亚和罗马涅大区的教皇特使，这对他梦寐以求恢复美第奇家族在佛罗伦萨的统治非常重要。美第奇家族再次掌权，弟弟朱利亚诺名义上是统治者，但真正执掌大权的却是乔凡尼。

1513年，"豪华者"洛伦佐的青云之志终于实现。尤里乌斯二世去世后，乔凡尼·德·美第奇发现自己是红衣主教团中任职时间最长的一位。他施展政治手腕，承诺给予支持者好处。1513年3月11日，身为在场最资深的圣职人员，他亲自宣布自己当选教皇。作为教会史上最后一位未曾担任神父就当选教皇的人，他很快就被授予圣职，并于1513年4月11日加冕为教皇利奥十世。新教皇在罗马街道上举行了盛大游行典礼，穿过了纪念他一生中重要时刻的凯旋门。美第奇家族终于拥有了他们渴望已久的圣座。

很快，利奥十世开始给罗马各处打上了美第奇家族的印记。他围绕自己建立起一个门庭若市而又极具魅力的宫廷圈子，包括当时的主要思想家、艺术家和音乐家全都跻身其中。他时常举行盛筵款待八方宾客，借以提升自己的声望和地位，满足自己对高品质生活的追求。美第奇家族的纹章在罗马随处可见，被雕刻在石头上，甚至绣在靠垫上。利奥十世挥金如土，毫不掩饰他对狩猎和派对活动的沉迷。

利奥十世的弟弟朱利亚诺和皮耶罗唯一的儿子洛伦佐都被晋封为贵族。此外，利奥十世当选后的数月内，堂弟朱利奥也与新教皇的侄子因诺森佐·奇博（Innocenzo Cibo）一起擢升为红衣主教。与此同时，通过为亲属安排政治联姻，利奥十世织就了一张包罗万象的权力网。

然而，利奥十世很快就发现登临权力巅峰自有挑战重重。作为欧洲最强大的世俗势力之一的领袖，他突然成为大陆政治博弈中的重要角色。当选教皇后仅仅几周，利奥十世就遇到法兰西国王路易十二对米兰公爵领地的声索。利奥十世与神圣罗马帝国皇帝、西班牙国王和英格兰国王亨利八世结盟反对法兰西，但当路易十二的继任者弗朗索瓦一世于1515年重新提出对米兰公爵领地的声索时，利奥十世却与他达成和解，致使西班牙君主斥责他两面三刀。

次年，利奥十世再次与英格兰和西班牙接触，试图筹措资金来保障美第奇家族在乌尔比诺公国的地位。他希望为自己的侄子洛伦佐在意大利中部创立一个王国。出于建立王国的野心，利奥十世与他曾经背弃的人重新结盟。1517年，洛伦佐最终掌控了乌尔比诺公国，但叔叔利奥十世为此付出了惨重代价。

那时，一直对利奥十世唯命是从的红衣主教们开始与他分庭抗礼。当一起暗杀他的阴谋暴露时，利奥十世立即抓住机会逮捕了主谋者，其中一人死得很惨。随后，利奥十世任命了三十一名新的红衣主教，这是有史以来人数最多的红衣主教团，其中包括他自己的一个表亲及愿意资助他的人。这意味着利奥十世周围都是对他言听计从之人，毕竟那时他迫切需要支持。

利奥十世遇到了严重的财政困难。他上任两年就把教皇金库挥霍一空，自己的财富也捉襟见肘。他发起的包括拉斐尔在圣彼得大教堂的装饰项目和罗马大学扩建等在内的项目让其家财散尽。他对艺术的支持和奢华的物质享受也使他深陷经济困境。甚至因为资金紧张，他曾决定典当使徒雕像和教皇的珠宝，同意出售赎罪券——有足够财力的人可以借此永久洗清自己的罪孽，相关款项直接收入教皇囊中。1517年，一名德意志修士对这种行为感到义愤填膺。他写了一篇反对赎罪券的檄文。然而，利奥十世并没意识到问题的严重性，即使当怒火中烧的神父马丁·路德将其《九十五条论纲》张贴在维滕贝格诸圣堂大门

▲ 利奥十世葬在罗马神庙遗址圣母堂。这处安息之地符合他的教皇身份

▲ 马丁·路德对利奥十世的每次抨击都予以驳斥，甚至公开焚烧教皇诏书，以此作为对自己著作被焚的还击

▲ 在漫长的意大利战争期间，法兰西国王弗朗索瓦一世与利奥十世达成和平协议，从而争得了在法兰西任命主教、修道院院长和副院长的权力

上时，他仍未觉悟。

利奥十世命路德所属的德意志奥古斯丁修道院处理这一突发事件，并颁布教皇诏书，要求所有基督徒不对出售赎罪券的权力提出质疑。然而，这一诏书是在马丁·路德张贴《九十五条论纲》约一年后才颁布的，而此时，路德的辩论提纲已经借由印刷品不胫而走，传遍整个欧洲。

当时，正身陷由神圣罗马帝国继承权之争所引起的金钱困扰和政治纠葛的利奥十世决定"审慎"应对马丁·路德的宗教改革。实际上，他一直拖到1520年才真正开始面对，发布诏书《主兴起通谕》，警告马丁·路德必须公开放弃他的言论，否则他将被逐出教会。利奥十世的世俗盟友加入了反宗教改革阵营，比如英格兰国王亨利八世曾著书攻击马丁·路德；神圣罗马帝国皇帝查理五世召开沃尔姆斯会议（Diet of Worms），强烈谴责马丁·路德及其著作。

1521年，利奥十世发出第二道教皇诏书《关于马丁·路德及其追随者之绝罚》，正式将马丁·路德逐出教会。此时，欧洲各地对天主教会的不满情绪正如火如荼。斯堪的纳维亚地区也爆发了宗教改革。

因卷入法兰西争夺意大利继承权的纷争，利奥十世感到疲惫不堪，卧床不起。1521年12月1日，利奥十世溘然长逝。一时间，教皇死于谋杀的传言甚嚣尘上。鉴于梵蒂冈教会明争暗斗，这些流言在所难免。在一座罗马教堂中，利奥十世隆重下葬，他的一生盖棺论定。尽管他的人生结局充满戏剧性，留下的遗产林林总总，但他让美第奇家族走上了通过教会谋取权力的道路，助力另一位家族成员韬光养晦，最终登上教皇的宝座。

教皇的大象

利奥十世穷奢极侈，挥金如土。他的宫廷不啻奢华的典范。不过，他最喜欢的奢侈品之一却是朋友送给他的一个非同寻常的礼物

教皇利奥十世治下的罗马绚丽多彩，喧嚣热闹。这位教皇性喜奢华，对宠物的选择将这点表露无遗。大象汉诺（Hanno）在教皇的随行队伍中占有特殊地位。利奥十世非常喜欢汉诺，甚至要求拉斐尔为它画像，以留作永久纪念。

汉诺来自印度科钦（Cochin），是葡萄牙国王曼努埃尔（Manuel）一世获赠的礼物，曼努埃尔一世随后又将汉诺转赠给利奥十世。汉诺于1514年抵达罗马，利奥十世很快就对它溺爱有加。

和新主人一样，汉诺喜欢玩闹。利奥十世愿意让汉诺表演所学的新把戏，还将它盛装打扮起来，参加盛大的游行仪式。这头教皇的宠物大象从此成为罗马街头一道常见的风景。

豢养宠物大象仅仅是利奥十世奢靡行为中的一个例子而已。尽管这位教皇因热爱文化、对多元文化持宽容态度而受到赞扬，比如他曾提议在罗马为犹太社区建立印刷厂，但真正引人注目的还是他对享乐的追求。

当选教皇后不久，利奥十世的宫廷餐饮费用就翻了一番。随着家庭添丁进口，他还雇用众多小丑来取悦自己。利奥十世的手下包括一名专门照看汉诺的饲养员。1518年，汉诺在罗马死去，利奥十世伤心不已。他命拉斐尔在梵蒂冈门楼墙上绘制了一幅和心爱的汉诺同等大小的画像。这幅画并未保存下来，但教皇喂养大象的传奇故事却流传至今。

▲ 大象汉诺经常随同教皇外出活动。在一次公开表演时，它把骑手推进了泥泞的小溪

克雷芒七世曾梦想投身教会，最终克服重重障碍荣任教皇一职，但他的统治很快陷入乱局

克雷芒七世：
不幸的教皇

政治上懦弱无能的克雷芒七世亲眼看见罗马被焚，
而宗教对手则利用他的困境令他所统治的教会土崩瓦解

作者：琼·伍乐顿

虽然克雷芒七世夙愿得偿，权倾朝野，但从多维视角来看，这个美第奇家族的第二位教皇堪称命运多舛。从孩提时代到垂暮之年，好运很少眷顾他。同时他也是自身不幸的制造者。即便事态对他有利之时，他也举棋不定。这种性格缺陷在美第奇家族成员中实属罕见，成为他厄运背后的罪魁祸首。

某种程度上讲，克雷芒七世的运气在降生之前就已耗尽。1478年，他出生前一个月的复活节，父亲朱利亚诺·德·美第奇遇刺身亡。5月26日，朱利亚诺的遗腹子朱利奥·迪·朱利亚诺·德·美第奇（克雷芒七世原名）呱呱坠地时，美第奇家族已经重掌佛罗伦萨。对当时的美第奇王朝和佛罗伦萨来说，这个婴儿是希望的象征，但作为私生子，他一来到人世身后便拖着一条长长的阴影。

尽管如此，朱利奥仍然是美第奇家族的一员。伯父"豪华者"洛伦佐让他与自己的子女在美第奇宫中一起长大。朱利奥的母亲究竟是谁，至今仍莫衷一是，她从未在儿子的童年生活中现身。洛伦佐邀请人文学家安杰洛·波利齐亚诺等人来自己家中教育下一代，朱利奥从小就拜同时代最杰出的思想家们为师。朱利奥的童年伙伴包括洛伦佐的次子、正好比他大三岁的乔凡尼·德·美第奇。这段友谊后来对美第奇家族在世界舞台上的地位产生了深刻影响。

教皇之子？
有关亚历山德罗血统的争议，一直和他短暂的一生如影随形

▲ 同时代人称深色皮肤和卷曲头发的亚历山德罗为"摩尔人"。他的亲生父母究竟是谁，一直众说纷纭

1530年，克雷芒七世恢复美第奇家族统治权后，选择了亚历山德罗·德·美第奇来统治佛罗伦萨。一时间满城风雨，纷纷传言这位年轻人实际上是教皇的私生子。起初，大家认为亚历山德罗的父亲是洛伦佐·迪·皮耶罗·德·美第奇，当时他尚未结婚，是"豪华者"洛伦佐的孙子。然而，很快就流言四起，说亚历山德罗的生父是"豪华者"洛伦佐弟弟的私生子朱利奥·迪·朱利亚诺·德·美第奇。

一说亚历山德罗的母亲是黑人女仆西蒙妮塔（Simonetta）。她在生下儿子后获得自由。这意味着无论亚历山德罗的父亲是谁，他都将享有自由。在后来的岁月里，西蒙妮塔曾写信给亚历山德罗，请求帮衬她及其后来的丈夫和孩子。

亚历山德罗享受了美第奇家族传统的卓越教育，同时也需要直面家族浮沉和政敌攻击。1523年，朱利奥·迪·朱利亚诺·德·美第奇成为教皇克雷芒七世后，开始对亚历山德罗提携有加。当美第奇家族在1530年重新掌控佛罗伦萨时，克雷芒七世选择亚历山德罗作为这座城市的新统治者，帮助他从查理五世那里获得了佛罗伦萨公爵这一世袭头衔。

然而，亚历山德罗的统治危机四伏。他因残暴施政而声名狼藉，最终被亲戚洛岑齐诺（Lozenzino）以"为了佛罗伦萨共和国的利益"为名谋杀。克雷芒七世对亚历山德罗的偏爱，让亚历山德罗实际上是其私生子的谣言流传甚广。

然而，步入少年时代的朱利奥前途一片黯淡。他对教会产生了兴趣，但非婚生身份又使他无法跻身教会高位。伯父洛伦佐鼓励他从军。但在伯父去世后，朱利奥受到堂兄乔凡尼的影响越来越大。那时，乔凡尼刚刚出任红衣主教，朱利奥则在比萨大学学习基督教教会法规。但就在他的运气刚刚开始好转之际，美第奇家族却被逐出佛罗伦萨，他和堂兄一起流亡欧洲。后来，美第奇家族重夺佛罗伦萨统治权，乔凡尼成为家族领袖。1513年，乔凡尼当选教皇。

作为利奥十世，乔凡尼·美第奇决心通过他的圣职造福族人，而堂弟朱利奥正是他第一个考虑造福的对象。朱利奥很快被任命为佛罗伦萨大主教，不久之后，利奥十世宣布他是美第奇家族的合法子嗣。在堂兄当选教皇半年之后，朱利奥就被擢升为红衣主教。

这一次，运气垂青了朱利奥，他成为堂兄的亲密顾问。他在教会的工作博得广泛赞誉。尽管教皇哥哥荒淫放纵，朱利奥却积极参与制定外交政策，实施教会改革，受到人们的高度评价。1519年，他被赋予佛罗伦萨监管职责，声名鹊起。

后来，朱利奥又出任利奥十世继任者教皇阿德里安六世的顾问，地位得到进一步提升。与此同时，他资助拉斐尔等艺术家，为自己积累了良好的声誉。阿德里安六世在当选为教皇一年后去世，人们认为朱利奥是接替他的不二人选。结果，1523年11月19日，朱利奥当选为教皇克雷芒七世，成为天主教会的领导者和欧洲最伟大的世俗统治者之一。

然而，教皇克雷芒七世的短暂统治阻碍重重。在利奥十世担任教皇期间，朱利奥煽风点火，任由法兰西和神圣罗马帝国在意大利爆发争夺欧洲霸权的战争。现在，他面临着两个欧洲大国之间的进一步争端，为自己之前的政策付出了沉重代价。

当法兰西国王弗朗索瓦一世和神圣罗马帝国皇帝查理五世因米兰公爵领地而冲突不断时，克雷芒七世在两个势力之间摇摆不定，最终招致灾难。尽管一开始克雷芒七世认为查理五世对和平更具威胁，忌惮他在教会内部的影响力，但在1525年帕维亚（Pavia）战役之后，克雷芒七世却转而支持查理五世，导致弗朗索瓦一世被俘。

然而，弗朗索瓦一世获得自由后，克雷芒七世又再次倒戈。1526年，他和弗朗索瓦一世加入科涅克（Cognac）同盟，与米兰和威尼斯结盟，共同对抗查理五世。查理五世对此自然愤恨不已，开始与克雷芒七世在教会中的劲敌之一、一直想置教皇于死地的科隆纳主教沆瀣一气。然而，对克雷芒七世来说，查理五世采取的另外一项行动才意味着更大的劫难。

驻意大利的神圣罗马帝国军队一直没发军饷，士兵们将贪婪的目光投向罗马。1526年秋，

失势的美第奇家族被逐出佛罗伦萨。

▲ 因受到查理五世的牵制，克雷芒七世不得不在亨利八世的离婚案中支持阿拉贡的凯瑟琳，因为她正是查理五世的姨妈

科隆纳对罗马展开攻击，但很快被克雷芒七世击退。然而，1527年5月6日，当查理五世麾下愤怒的士兵把罗马包围起来时，命运女神并没有再次眷顾克雷芒七世。罗马防御军团仅有约八千人，但包括西班牙和德意志军队在内的神圣罗马帝国兵力则是他们的四倍之多。神圣罗马帝国军队洗劫了罗马，克雷芒七世被迫逃往圣天使堡。

因为尸体未能得到及时掩埋，罗马之劫的幸存者遭到疫病侵袭，无数人倒毙。克雷芒七世不得不与查理五世和解，而查理五世却趁火打劫，向他索要金钱和领土。1528年，克雷芒七世重返罗马，与查理五世结为盟友，代价是四十万杜卡特，而此时曾傲然耸立的罗马教皇城已沦为一片瓦砾。

当时，英格兰亨利八世找到克雷芒七世，请

▲ 1527年，神圣罗马帝国军队围攻罗马，克雷芒七世与大约三千名宫廷侍从和仆人一起逃到了圣天使堡

求教皇宣布他与阿拉贡的凯瑟琳之间的婚姻无效。亨利八世声称这段婚姻有违基督教教义，因为凯瑟琳曾是他的寡嫂。克雷芒七世决定予以婉拒。这一公开决定背负着重重的政治压力。克雷芒七世忌惮查理五世，而阿拉贡的凯瑟琳恰恰是查理五世的姨妈。

后来，亨利八世请克雷芒七世派遣一位教皇代表前往英格兰，在宗教法庭上审理他申请婚姻无效的请愿书，但这位教皇代表在英格兰席不暇暖，克雷芒七世也将亨利八世的问题束之高阁，寄希望于亨利八世自己知难而退。然而，恣意妄为的亨利八世竟无视1530年颁布的禁止他再娶的教皇诏书。为确保教会掌权者对自己言听计从，亨利八世未经教皇许可，便自己任命主教，最终抛弃凯瑟琳，于1533年与安妮·博琳（Anne Boleyn）完婚。那时，他还限制英国教会对罗马教廷的缴税。宗教改革此时在英格兰开展得如火如荼，克雷芒七世已无力回天。

事实上，宗教改革者在整个欧洲大陆上已经初尝成功的喜悦。早在克雷芒七世出任教皇不久，普鲁士和萨克森的统治者便皈依了新教。当克雷芒七世因罗马之劫躲进圣天使堡时，新教也正式成为瑞典和丹麦的国教。当年教皇利奥十世对新教领袖马丁·路德置若罔闻，而此时，路德引领的宗教改革业已横扫欧洲。

然而，因为过于专注于意大利战争，克雷芒七世对于新教对天主教会的挑战无能为力。1527年，因克雷芒七世举佛罗伦萨之力来应付意大利战争，佛罗伦萨后院失火，失势的美第奇家族惨遭放逐。教皇不得不乞求查理五世出兵来恢复美第奇王朝的统治。经过漫长的谈判，克雷芒七世同意为查理五世举行一场盛大的加冕典礼，令教皇本已空虚的财政储备损耗一空。最终，查理五世的军队兵临佛罗伦萨城下，成千上万的人因饥饿丧生，美第奇家族重新上位。为保住家族权力，克雷芒七世提名亚历山德罗·德·美第奇为佛罗伦萨统治者。人们一直传言亚历山德罗是克雷芒七世的私生子。不过，查理五世

▲ 亨利八世意欲迎娶安妮·博琳，克雷芒七世为此与亨利八世产生争斗。从这幅18世纪的画作中可以看出，国王明显占据了上风

▲ 在克雷芒七世担任教皇期间，查理五世成为欧洲政治的主导人物。

迟迟未给亚历山德罗授予佛罗伦萨公爵头衔，直到1532年才为其封爵，而此时克雷芒七世的健康已每况愈下。这时的教皇虽为查理五世所牵制，却依然在为家族荣耀而努力。他安排了侄女凯瑟琳与法兰西国王弗朗索瓦一世之子亨利结为连理。

晚年的克雷芒七世逃避现实，在艺术中寻求避难之所。他人生最后的壮举之一是委托米开朗琪罗在西斯廷小教堂绘制《最后的审判》。不过，他并没有活到目睹杰作完成的那天。1534年9月25日，克雷芒七世归天，葬于罗马神庙遗址圣母堂。

佛罗伦萨与形影相吊的克雷芒七世终于作别。正是这位缺乏主见、时运不济的教皇一度令这座城市一蹶不振。

凯瑟琳·德·美第奇：备受争议的王后

这个一心想要中兴瓦卢瓦王朝的女人，最终却将其一手断送

作者：德里克·威尔逊

意大利人凯瑟琳系法兰西王后。她的一位早期传记作者写道："在她的一生中，鲜少有人给予她私人情感，因此她几乎没有机会学会如何处理感情问题。"这一观点颇具洞察力。16世纪，欧洲贵族女性都深知爱情对她们而言实属稀世珍宝，她们很难拥有。然而，即使承认政治联姻身不由己，凯瑟琳·德·美第奇仍然给人一种冰雪王后的印象。她以冷酷残忍、冷静谋算、马基雅维利式的务实成为一代传奇。许多同时代人直言不讳地指责她与魔鬼同恶相济，称其为"意大利巫婆"。然而，想要真正理解她，我们必须对她的家庭背景有所了解。

1519年前后，凯瑟琳降生在"准王室"美第奇家族。她的曾祖父是"豪华者"洛伦佐，族谱上出现过不少公爵和红衣主教，间或还有几位教皇。然而，崇高的声望并没有让这个家族摆脱当时人们普遍的不幸遭遇：凯瑟琳出生后不到一个月，父母就因致命疾病相继离世。

作为美第奇家族的女儿，凯瑟琳是家族实现政治野心的一枚棋子，她的未来早已得到明确规划。在亲戚的照料下，凯瑟琳渐渐长大成人，等待着由家族安排婚配。然而，1527年，残酷又现实的派系斗争扰乱了凯瑟琳的人生。由于民众叛乱，佛罗伦萨人推翻了美第奇家族的统治。凯瑟琳被送往修道院，远离家族势力范围。

喧嚣内乱的佛罗伦萨让凯瑟琳铭记终生。她

凯瑟琳是"豪华者"洛伦佐的曾孙女，后来贵为法兰西王后

人们把宗教改革视为对社会秩序的威胁。

喜欢修女的生活方式,对天主教怀有深厚的感情。那时正迈入少女时期的她一定想立下神圣的宗教誓言,但她同时也清楚自己在政治上的重要性——她是敌人手中的筹码。所以,她当时的心情应该是恐惧多于虔诚。

1529年,克雷芒七世决心恢复美第奇家族在佛罗伦萨的统治,请求查理五世发动军事进攻打击叛乱者。1529年10月至1530年8月,佛罗伦萨城四面受敌,围城长达十个月。紧张局势导致城内的权力掌控者分歧重重,出于眼前利益的考虑,激进的共和党人甚至将凯瑟琳交给帝国军队任意处置。围困解除时,年仅十一岁的公爵夫人之女已经在权力政治的残酷现实中学到了深刻的一课。

凯瑟琳深度参与政治事务已为期不远。教皇克雷芒七世让美第奇家族重掌佛罗伦萨,并试图通过强大联盟来巩固美第奇家族的统治。此时的凯瑟琳已到适婚年龄,成为欧洲各国皇室中备受追捧的新娘候选人。克雷芒七世最看好的联姻对象是法兰西国王弗朗索瓦一世的次子奥尔良公爵亨利。通过让法兰西王室与美第奇家族联姻,克雷芒七世希望平衡欧洲的主要政治力量,以制衡他之前的盟友查理五世。1533年,凯瑟琳被护送到马赛,于10月28日举行了婚礼。新娘和新郎都只有十四岁。凯瑟琳或许庆幸自己嫁的丈夫没有比她大太多,然而,这是这段婚姻带来的唯一安慰。她对丈夫毫无感情可言,丈夫亦对她如此。出生于王室的亨利可以任意挑选自己中意的女性作为情妇,而他之后也确实拥有一大堆情妇。凯瑟琳深知自己的主要任务就是生儿育女,但经频繁尝试,她和亨利却未能有所诞育,因此感到忧心忡忡,毕竟这对她来说不啻灭顶之灾。如果她继续膝下无嗣,法兰西王室可能会设法将她摒弃。随着1536年的到来,她的处境变得愈加困难。是年,亨利的哥哥去世,亨利成为法兰西的王位继承人。

为怀身孕,凯瑟琳竭尽所能。她向占星师和巫术师寻求建议,正因如此,她开始被怀疑使用巫术。祸不单行的是,亨利有了一个情妇黛安·德·普瓦捷(Diane de Poitiers),尽管她比亨利年长约二十岁,亨利却为她神魂颠倒。黛安被任命为凯瑟琳的首席侍女,似乎她在这个职位上还颇为恪尽职守。然而,第三者竟然拥有了丈夫的爱,而且还赢得他的全部信任,这让凯瑟琳深感不悦。亨利过世后,凯瑟琳不失时机,立刻将黛安逐出宫廷。

但那是1559年以后的事情了。1543年,凯瑟琳的命运发生了翻天覆地的转变。她身怀六甲,次年1月产下一子,取名弗朗西斯。命运女

▲ 1533年,凯瑟琳与法兰西国王弗朗索瓦一世之子奥尔良公爵亨利结婚

▲ 1529—1530年佛罗伦萨围城之际,年轻的凯瑟琳被交给神圣罗马帝国的军队处置

神终于对凯瑟琳展露笑颜。其后,凯瑟琳又生育了八个孩子,大多数孩子都顺利度过了危险的婴儿期。1547年,弗朗索瓦一世去世,凯瑟琳在巴黎圣丹尼修道院教堂加冕,成为法兰西王后。此时的她,应该会以为自己未来将会过上历代王后墨守成规又备受瞩目的生活。后来,她确实备受关注,但是否墨守成规呢?答案是否定的。她深度涉足了两个事业——捍卫法兰西王室和捍卫天主教信仰。

那年10月,即凯瑟琳抵达法兰西后的几个月,国家内乱的预兆就已经显现出来。当时,巴黎和其他法兰西城市贴满了耸人听闻的告示,攻击天主教核心教义弥撒制度。这个人们所称的"贴告事件",是法兰西神学家约翰·加尔文的激进支持者所为。加尔文是一位杰出的法学家,被迫逃离法兰西,定居瑞士日内瓦。在那里,他写就了一本名为《基督教要义》(亦称《加尔文要义》)的神学著作。这本著作中的基督教信仰体系基于《圣经》本身,而非数个世纪以来不断演变的天主教会。《基督教要义》提出了一个不仅包含神学理论,也包含宗教仪式的神学体系,成为后来加尔文"归正宗"的宣言。加尔文宗教改革迅速蔓延到日内瓦和法兰西等相邻地区,其追随者被法兰西的反对者称为"胡格诺派"。

人们把加尔文教派视为对社会秩序的威胁,不仅因为它挑战了教会权威所依赖的天主教信仰,还因为它被对社会不满的激进分子所接纳。如果不加控制,内乱将会爆发。在贴告事件后,二十四名抗议者被判异端并焚烧至死,大约两百人锒铛入狱。

然而,正如通常发生的那样,宗教迫害并没有扑灭改革派的信仰,反而激励越来越多的胡格诺派人更加坚定不移。是全力以赴镇压宗教改革,还是对其采取宽容态度?法兰西政府陷入两难境地。

宗教冲突和各王室贵族之间的敌对关系盘根错节,使形势变得更为复杂。拥有大量封臣的大贵族纷纷站队,支持天主教或胡格诺派。当时的法兰西社会正如一口火上的汤锅,里面沸腾着家族之间的世代仇恨,以及民众对君权和贵族权力的不满。吉斯(Guise)家族的亨利成为天主教信仰的捍卫者,而法兰西海军上将加斯帕

▲ 亨利二世和凯瑟琳葬于巴黎圣丹尼斯大教堂

尔·德·科利尼（Gaspard de Coligny）和孔代（Condé）亲王成为胡格诺派的领袖。两派的敌对关系促使法兰西宗教战争火势高涨，愈演愈烈，从1562年一直持续到1598年。

如果不是因为一系列的个人、王朝和国家悲剧将凯瑟琳推向风口浪尖，她本可以远离政治斗争。1559年，她的丈夫亨利二世因一次骑士比武事故而去世，当时凯瑟琳已届不惑，膝下还有四个儿子。即使王朝正跌宕起伏，四个继承人也足以保障瓦卢瓦王朝的延续。然而，随着四个儿子相继离世，凯瑟琳不得不披挂上阵，总揽全局。1560年，凯瑟琳的长子弗朗索瓦二世在统治仅仅十七个月后去世，继任者是次子查理九世，当时年仅十岁。为争夺对年幼国王的影响力，贵族派系之间冲突不断。为调和派系冲突，凯瑟琳利用自己的影响力展开斡旋，促使贵族间达成一系列妥协，包括1563年《昂布瓦斯（Amboise）敕令》、1568年《隆瑞莫（Longjumeau）和约》和1570年《圣日耳曼和约》，但很快便成过眼云烟。

随后，凯瑟琳又一次经历了惨烈失败。为联合更多贵族势力，她安排从小就是保守天主教徒的女儿玛格丽特与胡格诺派国王纳瓦拉（Navarre）的亨利举行婚礼。1572年8月18日，两个敌对派系的主要成员都前往巴黎捧场，其中一位是胡格诺派英勇骑士科利尼。这位魅力四射的骑士令二十二岁的查理九世仰慕不已。科利尼对国王的影响令凯瑟琳深恶痛绝——这简直就是黛安·德·普瓦捷的翻版，国王只属于她，竟然有人胆敢在"太岁头上动土"。

凯瑟琳恨意难平，顷刻爆发。她怒气冲冲，写信给儿子查理九世："我几乎无法相信……在为你多次做出牺牲、深陷险境之后，居然会得到你的如此回报。"她的复仇行动正应了康格里夫

（Congreve）的那句话："被蔑视的女人之怒火比地狱之火烧得更加猛烈。"凯瑟琳派了一名刺客在街上刺杀科利尼，然而此次暗杀以失败告终。此时形势更为严峻，凯瑟琳惧怕胡格诺派可能会伺机报仇雪恨。

为避免敌人占据上风，天主教徒们先发制人，先是发动宫廷政变，后来演变为宗教矛盾煽动而起的血腥大屠杀。科利尼和其他几位新教领袖惨遭杀害，局势顿时失控。天主教暴徒在街上横行，屠杀他们能找到的每一个胡格诺派信徒。仇恨席卷整个法兰西，成千上万的生命灰飞烟灭。圣巴托洛缪（Bartholomew）节[①]惨案给凯瑟琳留下了永远不会被历史抹去的污点。这场宗教大屠杀让法兰西宗教内战又多打了二十五年。二十一个月后，彼时五十五岁的凯瑟琳再次在病榻之前白发人送黑发人。查理九世因结核病去世，临终前下旨让母亲摄政。1575年2月，凯瑟琳的第三子亨利三世加冕为王。但王太后凯瑟琳若以为这位新王会对她言听计从、恭敬有加，她就只有幻灭的份儿。事实上，在她余下的人生岁月里，她的最大挫折就是两个依然在世的儿子对她忤逆不断。

亨利三世统治风格偏向独裁。他拒绝对新教胡格诺派做出任何让步，使法兰西深陷财政危机的宗教战争因此愈演愈烈。他拒绝与议会成员共商国是，引起众人不满。但也许最令人失望的是，他的婚姻没有为其诞下子嗣。因为没有王位继承人，国家未来尚不确定，所以法兰西宗教战争演变为王位继承之战，贵族势力纷纷觊觎王位。

凯瑟琳最小的儿子安茹公爵弗朗索瓦也令她头疼，但头疼的原因与之前的几位王兄截然

---

① 1572年8月24日。

▼ 圣巴托洛缪大屠杀造成五千至三万人死亡

与魔鬼结盟？

在那个时代，人们对巫术既心生恐惧，又执迷不悟。因此，人们怀疑凯瑟琳·德·美第奇这样权倾朝野又遭人唾弃者使用邪恶魔法，自然不足为奇。其实，16世纪的大多数统治者都会请占星家指点迷津，为他们选择最为适宜的时间来完成某些人生大事，凯瑟琳也不例外。

鉴于凯瑟琳的一生跌宕起伏，她寻求"先知"来获得神谕并不令人惊讶。最知名的一位"先知"当数药剂师兼占星家米歇尔·德·诺斯特拉达穆斯（即著名的诺查丹玛斯）。1555年，诺查丹玛斯出版了《预言集》，其中收录了一系列预言未来的小诗。凯瑟琳召他前来巴黎，深信他接收到了超自然启示，能够预知有关她和孩子们将要面临的威胁。对诺查丹玛斯来说，为这个王室家族占星，可谓一项危险的任务，然而，凯瑟琳对他的信任从未动摇，还任命他担任年幼的查理九世的资政和随身太医。

凯瑟琳还对名医巴累（Paré Ambroise）信任有加。这位医生私下里是个新教徒。凯瑟琳与他的关系备受诟病，甚至有传言称巴累遵照她的旨意毒死了弗朗索瓦二世。这些关于"那个来自意大利的女人"的流言让我们看到凯瑟琳受人唾弃的程度。其实，如果她确曾与邪恶力量有过密切接触，那也更多地表明她内心深处的焦虑不安，而非证明她曾真正企图左右命运。

▲ 凯瑟琳踏查圣巴托洛缪大屠杀的结果

不同。三哥亨利三世登上王位时，弗朗索瓦只有十九岁，对王兄执政心怀不满。几个月后，他离开宫廷，加入了由孔代亲王领导的胡格诺派军队，击败了王室军队，迫使亨利三世向被迫害的新教徒做出让步。弗朗索瓦野心勃勃，随后追求自己独立的政治生涯。他试图与英格兰伊丽莎白一世联姻，这激起了英格兰民众的恐慌。诗人菲利普·西德尼爵士谴责女王与"时代荡妇"之子结合的提议。之后，弗朗索瓦将注意力转向尼德兰，为尼德兰新教徒摆脱西班牙腓力二世的统治而战，结果铩羽而归，返回巴黎与哥哥亨利三世和解。但他在作战时不幸染上疟疾，于1584年6月病故。

艺术赞助人凯瑟琳

凯瑟琳传承了美第奇家族热爱艺术的传统。她从小就熟悉祖先们收集的文艺复兴作品。克雷芒七世邀请她到梵蒂冈作客时，她又有机会欣赏到由穷奢极欲的利奥十世委托的拉斐尔等大师为梵蒂冈创作的作品。

来到法兰西后，凯瑟琳更是步入了艺术殿堂。公公弗朗索瓦一世将文艺复兴从阿尔卑斯山南边的意大利引入法兰西。人们期盼凯瑟琳能为画家、雕塑家、音乐家和文人提供赞助，多与学者和诗人交往。凯瑟琳对艺术赞助人的角色充满热情。她热衷于肖像艺术，收集到不少杰作，其中包括著名微型画画家弗朗索瓦·克卢埃（François Clouet）的作品。凯瑟琳还曾试图将米开朗琪罗请来法兰西，为亨利二世创作雕像，但未能如愿，不过她确实委托过一些法兰西雕塑家创作雕塑。凯瑟琳对建筑尤为痴迷，王宫不仅是她的府邸和接待贵客的华丽场所，也是展示瓦卢瓦王朝辉煌的标志性建筑。她为原有的几座王宫增添了装饰，还修建了新的王宫，其中最宏伟的当数位于巴黎的杜伊勒里宫。

大权旁落是凯瑟琳曾经全力避免的结局，但政治实权最终还是落入名门贵族吉斯公爵及其兄弟领导的联盟之手。然而，亨利三世岂肯善罢甘休。1588年12月，他召集吉斯兄弟参加一场特殊会议。会上，吉斯公爵惨遭暗杀，他的兄弟则身陷囹圄。

毫无疑问，亨利三世策动这场暗杀并没有征询过凯瑟琳的意见，而王太后深知国王此举将引发强烈的政治动荡。九个月后，亨利三世不幸死于刺客的匕首之下。瓦卢瓦王朝已大厦将倾。曾经全力维系王朝的凯瑟琳却无意促成了王朝的覆灭。然而，她并没有活着看到这一切。1589年1月5日，她溘然长逝，享年六十九岁。

科西莫二世：
科学庇护者

科西莫二世对治国理政兴趣寥寥，却对庇护科学兴致盎然。
他以保护伽利略免受教会攻击而闻名于世

作者：伊丽莎白·诺顿

科西莫二世虽然在人们的热盼中降生，却未能达到与他同名祖父科西莫一世的辉煌。尽管科西莫二世在托斯卡纳统治了十二年，但他在政府中所起的作用相当有限。

科西莫二世出生于1590年，是托斯卡纳大公费迪南多一世的长子。三十八岁时，费迪南多一世的哥哥去世，他放弃了红衣主教教职，继承了家族遗产。急于为托斯卡纳大公国养育继承人的费迪南多一世与远亲洛林的克里斯蒂娜匆忙结婚。他中年得子，为人父时已届不惑之年。作为科西莫一世的第一个顺利活过婴儿期的合法孙子，科西莫二世从小就意识到自己注定要成为托斯卡纳大公。他的呱呱坠地令举国欢腾，教堂的钟声连夜鸣响。他的父亲在皮蒂宫为穷人分发救济，随后进行了为期三天的盛筵和焰火表演。

在科西莫二世和玛利亚·玛德莱娜的婚礼上，也曾有过焰火表演。玛利亚·玛德莱娜是神圣罗马帝国皇帝斐迪南二世的妹妹。科西莫二世的父亲喜欢壮观的大场面，决意用阿尔诺河上的壮丽景观来庆祝这场婚礼。于是，搭起了巨大的看台，以便观众可以看到古希腊神话伊阿宋王子率领阿尔戈英雄们在他们面前驾舟驶过，将人造岛、喷火九头蛇和其他巨大的水生怪物团团围住，最终夺取金羊毛，把它献给新娘玛利亚·玛

科西莫二世刚逾而立之年便撒手人寰

▲ 科西莫二世的父亲年方十四岁便披上红衣主教的外衣，后放弃教职，成为托斯卡纳大公

▲ 科西莫二世的降生万众瞩目。这幅画作描绘了家庭教师怀抱中年仅六个月的他

德莱娜。这段联姻颇为美满。婚后一年，科西莫二世长女出生。之后，夫妇俩还育有七子，其中包括科西莫二世的继承人费迪南多。

父亲去世时，科西莫二世已近十九岁，继承了托斯卡纳大公之位。父亲身后留下了一个繁荣昌盛、在国际舞台上地位显赫的托斯卡纳。1600年，科西莫二世的堂姐玛丽·德·美第奇嫁给了法兰西国王亨利四世。科西莫二世是个友善随和的年轻人，对狩猎和文化消遣都颇为热衷。然而，因结核病缠身，最终英年早逝。由于健康状况不佳，加之对政务缺乏热情，公国的治理大多依赖母亲的亲力亲为。

尽管科西莫二世对治国理政兴趣索然，但他与欧洲统治者的紧密关系却常使他卷入纷争。1610年，法兰西国王亨利四世遭到暗杀，遗孀玛丽·德·美第奇出任法兰西摄政太后，不过时至1617年，她与儿子路易十三的关系已经日渐疏远。科西莫二世发现自己左右为难，一方面要支持堂姐玛丽，另一方面又得支持法兰西国王路易十三。科西莫二世的父亲费迪南多一世曾答应供养玛丽，尽管路易十三反对，但科西莫二世仍然偷偷给了玛丽供养津贴。另外，他的内兄是神圣罗马帝国皇帝斐迪南二世，科西莫二世不得不违抗教皇，为招募维也纳军队提供资金，从而卷入1618年爆发的惨烈的三十年战争。

美第奇家族教皇利奥十一世上任不到一个月便于1605年撒手人寰，科西莫二世与梵蒂冈的关系也陷入困境。直到1615年，科西莫二世的弟弟晋封红衣主教，美第奇家族才再次在罗马教廷中有了一席之地。此外，科西莫二世与罗马教廷还起了冲突，当时教皇保罗五世拒绝妹妹凯瑟琳与英国威尔士王子亨利订婚，因为亨利王子是个新教徒。1612年，科西莫二世辩称此婚姻有可能带英国重归天主教会，但教皇保罗五世仍然

▲ 科西莫二世与奥地利的玛利亚·玛德莱娜喜结连理

拒不同意。同年晚些时候，亨利王子英年早逝。

与美第奇家族祖先一样，科西莫二世热衷于修建建筑，为美第奇王朝添砖加瓦。他翻修、扩建了宏伟的皮蒂宫。这座位于阿尔诺河南岸的宫殿是他最喜欢的府邸。科西莫二世时代，皮蒂宫的外立面显著加宽，并首次被定为托斯卡纳大公的官邸。科西莫二世还关注文学艺术的发展，在他的积极推动下，1612年，佛罗伦萨秕糠学会

▲ 伽利略的著作《星际信使》是首部基于望远镜观测结果的科学著作

伽利略做过科西莫二世的老师，大公对他非常了解。

▲ 伽利略是他那个时代最伟大的科学家。这幅画作描绘了他向威尼斯总督介绍自己的望远镜的情景

1608年发明了望远镜。伽利略得知这一激动人心的新发明时，立刻购来并成功对其进行了改进。望远镜的出现让人们能够对宇宙进行深度探索。伽利略很快就做出了重要的科学发现，包括发现了木星的四颗卫星，将它们命名为"美第奇星"。伽利略还发现金星也像月球一样有自己的相位。后来，他还发现了太阳黑子，从而驳斥了古代关于太阳完美无瑕的观念。

科西莫二世的赏识对伽利略来说非常重要，因为这位大公常让欧洲各国驻托斯卡纳使节将有关科学新发现的资料直接寄给伽利略。科西莫二世还在佛罗伦萨举办过科学辩论会，不遗余力地支持伽利略的种种学说。作为伽利略的追随者，他购买了靠近阿切特里（Arcetri）的波吉奥·因佩里亚莱（Poggio Imperiale）别墅，在那里安装了伽利略赠送给他的望远镜。

科西莫二世能够为伽利略提供非常强大的庇护。伽利略对宇宙的观测使他笃信尼古拉斯·哥白尼在1543年提出的日心说。当时，这一观点颇具争议，因为教会的教义认为地球是宇宙的中心。在17世纪的意大利，教会依然是社会的中心，人们认为伽利略的学说与《圣经》的叙述相抵触，故而纷纷口诛笔伐。

时至1613年，关于日心说的争论在佛罗伦萨进行得如火如荼。即便是在科西莫二世的客厅里，人们也在讨论着伽利略的观点。尽管科西莫二世虔诚的母亲洛林的克里斯蒂娜承认她无法将伽利略的观点与信仰调和，但科西莫二世夫妇却对伽利略的观点深信不疑。伽利略努力说服科

（Accademia della Crusca）出版了第一本托斯卡纳语词典。

科西莫二世出资在全欧洲购买艺术品，聘用贾斯特斯·苏斯特曼（Justus Sustermans）为自己的宫廷画家，自己和家人经常亲自为画家当模特。因港口对于大公国的经济发展至关重要，为改良里窝那港口，他投入大量资金。除扩建港口围墙，他还鼓励移民前往里窝那定居。1611年，他允许被西班牙驱逐的三千名穆斯林在里窝那安顿下来。科西莫二世还支持圣史蒂芬骑士团在地中海抵御土耳其军队的进攻。

科西莫二世对科学的兴趣尤为浓厚。即位后不久他就任命了著名科学家伽利略担任托斯卡纳的首席哲学家和数学家。伽利略最初进入比萨大学就读的专业是医学，但他很快就将注意力转向了数学和物理学。伽利略做过科西莫二世的老师，大公对他非常了解，深深钦佩他的科学创新精神。

如今，伽利略因在天文学方面的贡献为世人所铭记，而这一切都源于荷兰眼镜制造商在

四颗"美第奇星"

在科西莫二世的赞助下,伽利略发现了环绕木星的四颗"美第奇星"

科西莫二世主要因其对史上最伟大的科学家之一伽利略·伽利雷的赞助而为世人所铭记。

伽利略出身于佛罗伦萨没落贵族家庭。由于他坚持日心说,否定当时教会的正统主流观点地心说,而成为极具争议的人物。科西莫二世邀请伽利略来到佛罗伦萨,为他提供庇护,使他能够继续科学实验,免受教会迫害。

1610年,伽利略的著作《星际信使》出版,向世界宣布他发现了环绕木星的四颗卫星。这是当时发现的除月球之外的第一批卫星。这四颗卫星是木星众多卫星中最大的几颗,现称伊俄(Io)、欧罗巴(Europa)、伽倪墨得(Ganymede)和卡利斯托(Callisto)。伽利略最初想把它们命名为"科西莫星",以向赞助人科西莫二世致敬,但后来改为"美第奇星",以向科西莫二世、他的三个弟弟和美第奇王朝致敬。

美第奇星的发现在当时具有重要的科学意义,因为它们是太阳系中首批确定不围绕地球旋转的天体。科西莫二世倾尽终身为伽利略提供庇护,大力弘扬后者的理论。伽利略去世后,尽管教会强烈反对,但科西莫二世的儿子仍然坚持让这位伟大科学家长眠于佛罗伦萨圣十字圣殿中。

▲ 科西莫二世在伽利略受到教会攻击时,为其提供了庇护。他以伽利略赞助人的身份而闻名于世

西莫二世的母亲,1615年还将他们之间的通信,也就是著名的《致大公爵夫人克里斯蒂娜的信》,公之于世。

伽利略的理论让自己身临险境,教皇保罗五世谴责他的学说为异端,下令禁止传播这些理论。多年后,他在罗马接受了宗教裁判所的审判,在生命的最后十年遭到软禁。1642年伽利略逝世,科西莫二世生前一直努力为他提供庇护。

科西莫二世天生体弱,随着统治的延续,他的健康状况持续恶化,三十岁之前的大部分时间都躺在床上。尽管他祈祷能够病愈,但他的祷告从未得到回应。1621年2月28日,科西莫二世因结核病去世,年仅三十岁。为纪念兄长,红衣主教卡洛·德·美第奇委托创作了一系列壁画,最后一幅画中展示了他的哥哥科西莫二世和象征音乐、诗歌和雕塑的寓言人物共聚一堂。卡洛以高雅的艺术向哥哥致敬。科西莫二世被描绘为象征天文学的人物,举起伽利略的望远镜望向天空。

科西莫二世一生短暂,在托斯塔纳大公国和国际政治舞台上少有建树。然而,他对科学的热情和慷慨赞助却永远为世人所铭记。

科西莫三世：王朝的覆灭

虔诚但浮华的科西莫三世将美第奇家族变成了欧洲的破落贵族，令家族权势日薄西山

作者：琼·伍乐顿

病榻前，比萨大主教在为不久于人世的科西莫三世祈祷。很快，这位托斯卡纳大公就称自己"不需要帮助也能善终"，因为他一生都虔诚有加，已经做好了充分准备迎接生命最后一刻的到来。科西莫三世在信仰方面可谓十分虔敬，但他对世俗事务的处理却差强人意。他的统治是美第奇家族历史上最长的，却让家族逐渐失去对权力的掌控。

襁褓中的科西莫三世就在母亲维多利亚·德拉·罗韦雷的影响下成了天主教徒。1642年8月14日，小科西莫在佛罗伦萨的皮蒂宫出生，以他早夭的一个哥哥的名字命名。降生后不久，他的母亲就发现丈夫费迪南多二世竟与一名年轻侍从同床共寝，从此夫妻二人关系渐趋疏远。

维多利亚对儿子十分溺爱。小科西莫接受了母亲为他安排的宗教教育，而非父亲选择的科学启蒙。1659年，科西莫三世的父母短暂和解，1660年，迎来他们的第二个儿子弗朗切斯科·玛利亚，此时的科西莫三世在他人眼中是一个性情近乎抑郁之人。他对宗教仪式着迷，狂热恪守教会最严格的规章制度。十八岁时，他的大部分时间几乎都与神父们共度。

然而，作为托斯卡纳大公的继承人，科西莫三世得承担起家族责任。父亲费迪南多二世迫使他与王室联姻，迎娶法王路易十四的表妹玛格丽特-路易丝·德·奥尔良（Marguerite Louise

科西莫三世的统治长达五十三年，在所有美第奇家族成员中首屈一指，但对美第奇王朝来说，这段统治却招致灭顶之灾

科西莫三世的疗伤壮游
科西莫三世的婚姻举步维艰之际，父亲费迪南多二世命他出国旅行

在第一个孩子出生后不久，科西莫三世的妻子就拒绝与他亲近。父亲费迪南多二世一不做二不休，把沉默寡言的儿子送到意大利北部度长假。在意大利，科西莫三世造访了很多教堂和名胜古迹。此间，妻子玛格丽特-路易丝被软禁在波吉奥阿恰诺的美第奇别墅。1665年，夫妻二人终于和好。然而，在1667年生下第二个孩子后，玛格丽特-路易丝再次产生抛弃丈夫的念头，而此时科西莫三世再次被父亲送到国外旅行。但这次，费迪南多二世决定进一步拓宽科西莫三世的视野。科西莫三世一路途经布鲁塞尔、阿姆斯特丹和维也纳去了北欧。不过，漫长的离别并没有让年轻的法兰西公主对丈夫的思念与日俱增。当她依然拒绝回到科西莫三世身边时，费迪南多二世让科西莫三世再度踏上旅程，尽管这给陷入财政窘境的费迪南多二世增加了不小的经济负担。

这次，科西莫三世的壮游目的地是西班牙和葡萄牙。游览完两国后，他前往英格兰，在伦敦和剑桥停留了一段时间。1669年夏，他动身前往鹿特丹，接着又来到了巴黎。巴黎之游成为他本次旅途的亮点。科西莫三世受到玛格丽特-路易丝的叔叔法兰西国王路易十四的盛情款待。他很快就爱上了凡尔赛宫的奢华生活，毕竟如此奢靡与他的个人品位不谋而合。

回到佛罗伦萨后，他发现妻子愿和他重修旧好。1671年，他们迎来了第三个孩子。这次欧洲之旅所带来的子嗣吉安·加斯托内成为美第奇家族的末代统治者。

◀ 路易十四对科西莫三世的盛情款待，与后来二人因玛格丽特-路易丝和科西莫三世分手后谁为她的奢华生活买单而产生的争执形成了鲜明对比

d'Orléans）。对美第奇家族来说，这场联姻是家族声望的象征，但高贵的新娘对自认为低她一等的家族心生毫不掩饰的轻蔑。

1661年4月，巴黎举行了代理婚礼。同年6月，玛格丽特-路易丝盛装进入佛罗伦萨。她对美第奇家族心怀鄙视，但又几乎立即把这个家族收藏的珠宝席卷一空。与此同时，科西莫三世继续对母亲言听计从，这令妻子非常恼火。

1663年，这对貌合神离的夫妇为美第奇家族诞下了继承人费迪南多，然而玛格丽特-路易丝却将此视为彻底拒绝与丈夫亲近的机会。公公先是将她软禁在皮蒂宫，然后又关在位于波吉奥阿恰诺的美第奇别墅，直到她同意回到科西莫三世身边。然而，待女儿安娜·玛丽亚·路易莎于1667年出生后，玛格丽特-路易丝再次与丈夫分道扬镳。

1670年，遍游欧洲各地的科西莫三世归来，与妻子重新恢复了关系，没过多久，父亲费迪南多二世去世，科西莫三世和妻子成为托斯卡纳大公和大公妃。然而，他们这次的蜜月期并不长久。

科西莫三世的母亲维多利亚在儿子的新政府中扮演了重要角色，同时还主导了孙辈的教育。1671年，玛格丽特-路易丝产下次子吉安·加斯托内，不久后就打算与丈夫长期分居。科西莫三世将玛格丽特-路易丝软禁于波吉奥阿恰诺的美第奇别墅，加以严密监视，后同

▲ 科西莫三世在自己的外貌上耗资巨大。他曾要求做假发的师傅使用童子头发，因为那是所能弄到的最好材料

▲ 科西莫三世的独生女安娜·玛丽亚·路易莎在丈夫去世后返回佛罗伦萨，力挺父亲将自己立为托斯卡纳大公国继承人

▲ 人们对科西莫三世的出生抱有极大期许。他的父母终于有了延续家族血脉的继承人，但不久后他们却因为对他的教养方式产生了分歧

▲ 科西莫三世的新娘玛格丽特-路易丝·德·奥尔良迷恋珠宝。婚礼后，她身着一袭镶有珍珠的礼服，声势浩大地来到佛罗伦萨

科西莫三世继承的家族财产大幅缩水。

意分开，准其携带八万里弗（livres）[①]前去法兰西修道院。

科西莫对待玛格丽特-路易丝的态度是他统治方式的缩影。他最关心的是宗教、对他人的道德救赎，以及大把花钱。在母亲的影响下，他继续支持耶稣会，允许他们在托斯卡纳各地设立学院。因宗教信仰作祟，他父亲所倡导的一些科学学说遭到他的禁止。

科西莫三世一天中会多次去教堂，有时甚至多达六次。随着他的统治不断推进，他期望自己的臣民也能循规蹈矩，恪守规约。他规定：每个星期五圣母百花大教堂的钟声都要响起，以提醒人们铭记受难的耶稣，届时佛罗伦萨民众都得跪地祷告。他禁止民众在封斋节期间进食鸡蛋、肉食和奶制品；禁止在星期六举办派对和戏剧表演；禁止犹太人与基督徒接触。为避免臣民道德沦丧，他甚至对公众着装都有明确规定，而处置妓女则成为他道德运动的重中之重。

科西莫三世对违反规定者处罚不贷，那时他也正好急需资金。美第奇家族昔日辉煌早已不在，而他继承的家族财产也大幅缩水。然而，科西莫三世喜欢一掷千金。他热衷展示自己与其他欧洲王公贵族比肩的地位。身披华服、头戴假发、狂饮暴食的他，竭尽全力让自己的宫廷与欧洲其他宫廷一样耀眼夺目。在其统治期间，唯一削减的预算是美第奇家族一贯对艺术的赞助经费，因为他对艺术赞助毫无兴趣可言。

科西莫三世的生财之道进一步疏远了他的臣民，要知道臣民对他的严苛统治本就愤愤不平。

[①] 古时法兰西货币单位。

▲ 科西莫三世安排他的儿子吉安·加斯托内与萨克森-劳恩堡公国的安娜·玛丽亚·弗朗切斯卡成婚

他征收苛捐杂税，甚至连假发都不放过，在整个托斯卡纳地区设立了众多海关，导致商业迅速衰退，人口也随之减少。

尽管科西莫三世的大公国杂草丛生，街道破烂，但他依然维持欧洲重要王室成员的公众形象。1690年，得知萨伏伊（Savoy）公爵被神圣罗马帝国皇帝利奥波德（Leopold）一世封为"殿下"，他勃然大怒。经过漫长谈判，利奥波德一世最终同意了科西莫三世的要求，即在科西莫三世将女儿安娜·玛丽亚·路易莎嫁给利奥波德一世丧偶的妹夫之后，也封他为"殿下"。然而，不久之后，科西莫三世发现为得到这个新头衔，他每年要付出五十万意大利银币（Scudi）的高昂代价，结果他只好通过进一步增加税收来支付这笔费用。

因为高估了自己和托斯卡纳的重要性，科西莫三世在外交方面也遭到重挫。当神圣罗马帝国皇帝和法兰西国王为争夺西班牙王位继承权而不惜兵戎相见之时[①]，科西莫三世一开始试图保持中立。然而，法王路易十四说服了科西莫三世的弟弟、现任红衣主教弗朗切斯科·玛利亚支持法兰西，继而迅速赢得科西莫三世的支持，进而激怒了神圣罗马帝国皇帝。不过，当受到法兰西国王支持的腓力五世（法王路易十四的孙子）抵达里窝那时，他拒绝下船与科西莫三世会面，只让科西莫三世上船觐见。随着战争中神圣罗马帝国皇帝渐渐占据上风，科西莫三世发现自身面临入侵的威胁，最终不得不支付六十万杜卡特给皇帝，以保住自己的大公国。他还不得不为规模庞大的帝国胜利之师提供冬季驻扎地，从而令其本已入不敷出的财政捉襟见肘。

科西莫三世的两个儿子更是像两个无底洞，令他的财政状况雪上加霜。和父母一样，两个儿子都挥霍无度。长子费迪南多大行艺术赞助之举，但也因奢侈的生活方式而声名狼藉。次子吉安·加斯托内则贪恋杯中之物。姐姐为其包办的婚姻并不幸福，他便花费越来越多的时间和金钱在欧洲享乐。科西莫三世劝诫兄弟俩，要么控制开支，要么节制生活，但都被他们抛诸脑后。

此外，两兄弟都没有生下一男半女。长子费迪南多与巴伐利亚的维奥兰特（Violante）的婚姻没有子嗣，科西莫三世为此在佛罗伦萨建造了一根生育柱，不仅浪费了很多钱财，还成为众人的谈资笑柄。吉安·加斯托内的新娘是来自萨克森-劳恩堡公国的安娜·玛丽亚·弗朗切斯卡（Anna Maria Franziska of Saxe-Lauenburg）。两人同床异梦，很少腻在一起。科西莫三世本寄希望于两个儿子能够拯救美第奇王朝于风雨飘摇之时，但他的希望很快幻灭。随着1713年费迪南多去世，形势变得愈加危急。

科西莫三世对宗教有着深厚的情感，但晚年的他对自己家族的情感更为真切。他说服弟弟弗朗切斯科·玛利亚放弃红衣主教头衔，娶一位年轻的女继承人，以此为大公国延续血脉，但这个计划也以失败告终。

最后，科西莫三世决定让女儿安娜·玛丽亚·路易莎成为继承人。可是，他的女儿也没有生育，父女俩达成共识，待女儿百年后，托斯卡纳大公国将再度成为共和国。不过，神圣罗马帝国皇帝对此却不能容忍。科西莫三世能够预见到自己的大公国未来将会成为欧洲政坛争论的焦点，但彼时的他已经并非不可或缺。

1723年9月22日晚餐时分，科西莫三世开始不受控制地颤抖起来，一连持续了两个小时。他下令全体托斯卡纳民众为他祈祷。然而，他深知自己的健康状况急剧恶化，已然回天乏术。是年10月31日，他溘然长逝，与圣洛伦佐教堂王子礼拜堂里的美第奇家族祖先安葬在一起。

在美第奇家族中，科西莫这个名字与美第奇王朝的命运紧密相连，但科西莫三世与他的父辈几乎没有什么共同之处。第一位是老科西莫，正是他见证了美第奇家族在佛罗伦萨的崛起，而最后一位是科西莫三世，他的统治见证了美第奇王朝最终走向覆灭。

[①] 因西班牙哈布斯堡王朝绝嗣，王位空缺，法兰西波旁王朝与奥地利哈布斯堡王朝为争夺西班牙王位，引发了一场欧洲大多数国家参与的大战。

美第奇王朝落幕

透视末代托斯卡纳大公的堕落世界，
探究意大利最有权势家族的穷途末路

作者：蒂姆·威廉姆森

1729年6月24日，整座佛罗伦萨都在为庆祝施洗者圣约翰节而欢欣鼓舞。这是该城最重要的宗教节日。一如既往，当天人们欢歌笑语，翩翩起舞。著名的帕利欧赛马节的参赛骏马在市区的街道上疾驰而过，在城郊乡野上纵横驰骋。在节日轻松愉快的氛围中，间或能听闻庄严的祈祷，看到狂热的游行队伍从宏伟的教堂中倾泻而出。

这时，一辆孤独、华丽的厢式马车缓缓驶来，车身上镶嵌着镀金的佛罗伦萨执政者的象征、金色盾牌背景上的六个球状物。这分明是美第奇家族的纹章。马车穿街而过，好奇的人们可以听到车厢里传出低沉的喃喃自语，仿佛一个病入膏肓者在经受缓慢而又痛苦的死亡。偶尔，马车会停在路旁，车门开处，一张五官扭曲、敷着重粉的面庞从阴暗的车厢里闪现出来。

此人向周围困惑的人群疲惫地瞥上一眼，弯腰前倾，张嘴呕吐开来，夸张的假发随之在头箍上颤动着。他，托斯卡纳大公吉安·加斯托内·德·美第奇，竟然以这种方式与自己的臣民不期而遇。八年后，他将作别人世，曾经高贵煊赫的美第奇王朝也将随他一起没入历史的滚滚长河。

直至生命尽头，这位大公都很少出现在公众面前。他不愿背负治理托斯卡纳的重任，更喜欢宅在豪华府邸、宁静舒适的皮蒂宫里独处。类似1729年6月在节日中的偶尔露面，他的快快病容和粗鲁举止也往往令人大惊失色。大公令人唏嘘的病体正是美第奇家族和佛罗伦萨走向衰落的真实写照。

吉安·加斯托内是最后一任美第奇家族托斯卡纳大公。其实，美第奇王朝早已辉煌不再。作为文艺复兴发源地的统治者，这个家族曾对这个时代包括米开朗琪罗和达·芬奇在内的最伟大艺术家和学者倾囊相助。吉安·加斯托内的父亲、前任大公科西莫三世也不例外，他继承了家族的传统，收藏了大量艺术珍品，同时大力支持佛罗伦萨的才华横溢者，比如著名雕塑家乔瓦尼·巴蒂斯塔·福格尼（Giovanni Battista Foggini）。

然而，科西莫三世对托斯卡纳的治理却远非那么美妙。任内，他出台了许多严刑峻法，苛捐杂税名目众多。某些法律对犹太人群体采取了极为严苛的措施，与犹太人共事抑或同床共枕都会受到严惩，面临高额罚金或监禁。科西莫三世还向商人出售垄断权，然后以更高的价格出售高居垄断权之上的特权，从中牟取暴利。

科西莫三世治下的佛罗伦萨，死刑已经司空见惯，仅仅一年就有两千人被执行死刑，杀人犯的尸体还会遭到残忍肢解。连求爱行为也可能被科西莫三世定罪，男性夜间禁止"在门口和窗前嬉戏"。男性若与某些身份的女性私通，将在地牢中经受酷刑折磨。

科西莫三世一边给佛罗伦萨淫乱者的颈上套上道德枷锁，一边大肆敛财，但最终却惨遭败绩，而失败的象征正是他的长子和继承人费迪南多。这位王子不仅纵欲无度，而且对年轻美貌的男性情有独钟，与许多有才华的男女歌手和音乐家过从甚密。他给情人们馈赠礼物时出手阔绰。

走进末代美第奇家族

科西莫三世
虔诚的族长

科西莫三世是一位严苛的宗教狂热者和独裁者,远不如两位同名前辈那样经邦纬国,垂拱而治。在其治下,佛罗伦萨江河日下,日薄西山。他与妻子玛格丽特-路易丝关系疏远。她于1672年离开佛罗伦萨,科西莫三世从此有了更多闲暇用于迎来送往、丰富艺术收藏、沉浸宗教信仰。1700年,他前往罗马,为自己的收藏增添了一些奇特的天主教圣物,如圣徒的遗体残骸、肖像画、青铜雕塑等。在他身后,他所统治的城邦濒临破产。

弗朗切斯科·玛利亚
恶作剧者

科西莫三世预见到两个儿子都不具备延续美第奇家族血脉的能力,转而关注他的弟弟、锡耶纳总督、枢机主教弗朗切斯科·玛利亚。然而,和其他许多家族前辈一样,这位美第奇家族成员既不特别虔诚,也不具备政治家的素质。他是一个极端享乐主义者,大部分时间都用于宴饮,尤其痴迷赌博。他还是一个臭名远扬的恶作剧者。一次,他给贵宾们摆上了一桌豪华盛筵,酒足饭饱之际,却让他们误以为自己享用的是烤驴肉。

大公子费迪南多
花花公子钢琴家

美第奇家族的继承人费迪南多不仅是一位天才音乐家,也是慷慨的艺术赞助人。然而,令人遗憾的是,他并不爱自己的妻子巴伐利亚的维奥兰特。费迪南多与许多伟大音乐家交好并为他们提供资助,其中包括佛罗伦萨的羽管键琴制造师、钢琴发明者巴托罗密欧·克里斯多佛利(Bartolomeo Cristofori)。在一个节日庆典上,费迪南多从一名威尼斯贵族淑女那里染上了梅毒,从此健康状况逐渐恶化,最终于1713年离世,没有留下任何子嗣。

安娜·玛丽亚·路易莎
严厉姐姐

安娜性情孤傲,与兄弟们相比,她和严肃的父亲科西莫三世更为相似。由于她曾促成弟弟吉安·加斯托内的不幸婚姻,吉安·加斯托内对她心怀憎恨。她对弟弟的自由放纵和道德败坏的生活方式深恶痛绝。她是美第奇家族最后的直系后裔,但当时的法律禁止她继承爵位,而她也拒绝接受名义上的摄政权。1737年,她将美第奇家族遗产捐赠给托斯卡纳大公国。

像之前所有美第奇家族主要成员一样,他也是慷慨的艺术赞助人,还是一位才华横溢的音乐家和作曲家,从小就能完美演奏他读到的任何乐谱。他的大部分时间都用来组织音乐会和歌剧,演出彰显其一流艺术品位,但所费不赀。

然而,对于国家大事,或是为美第奇家族生下一个继承人赓续血脉,费迪南多却兴趣寥寥。1696年从威尼斯狂欢庆典归来时,他不仅带回了一个出身名门的年轻情妇,还带回了一身性病,这让妻子维奥兰特感到十分恐慌。1713年,费迪南多早早过世,而在此之前很久,科西莫三世就已经断定必须另辟蹊径来延续美第奇家族的血脉。

遗憾的是,科西莫三世的另一个儿子吉安·加斯托内似乎比已故的哥哥更不可能传宗接代。吉安·加斯托内对女人不感兴趣,对妻子、萨克斯-劳恩堡公国的安娜·玛丽亚·弗朗切斯卡心生厌恶,而她对他也同样如此。他们在1697年7月2日被迫成婚后,迁至安娜·玛丽亚在波希米亚的偏远家乡莱希施塔德(Reichstadt)小镇。在那里,年轻的王子心情灰暗,行为孤僻。其后,他一直将这一不幸归咎于这场婚姻最

▲ 费迪南多·德·美第奇是一位多才多艺的乐器演奏家。他的宫廷吸引众多音乐家纷至沓来

积极的推动者、姐姐安娜·玛丽亚·路易莎。

郁郁寡欢的吉安恳求妻子让他回到佛罗伦萨,但却遭到拒绝。于是,他放弃了大部分社交生活,陷入孤独之中,悒悒不乐,继而越发沉湎于纵欲享受。他的密友是富有魅力的年轻男子朱利亚诺·达米(Giuliano Dami)。达米虽然出身平民,却因吉安的青睐飞黄腾达。吉安早在定居佛罗伦萨期间,就被这个年轻人的英俊相貌迷得神魂颠倒。

1699年,吉安逃离偏安一隅的牢笼莱希施塔德,由达米和几位随从相伴,奔赴布拉格。关于这一逃离事件,历史学家哈罗德·阿克顿(Harold Acton)爵士所翻译的《吉安·加斯托内任期回忆录》(现藏于佛罗伦萨莫伦尼亚图书馆)这样写道:"在布拉格,有许多波希米亚裔或德裔学生,他们的面容光洁明媚,但又常常一文不名,有时他们甚至要挨家挨户乞讨。面对如此多的选项,达米总能为吉安·加斯托内捕获到诱人的'猎物'。"

该回忆录还翔实描述了恣情放纵的狂欢者,而吉安·加斯托内正是这些放荡不羁行为的始作俑者和买单者。在这次旅行中,吉安疯狂散财,没有输光的赌资则全都挥霍在肮脏的酒馆里。据说,他常常"以身犯险,匿名混迹于半醉不醒、游荡在城市贫民窟和小酒馆里的社会渣滓之中"。卷入因酒精引发的打斗中,吉安·加斯托内"不得不面对被暴打、枪击和剑伤的危险"。

金钱耗尽,放纵之旅自然告一段落。科西莫三世写信命令吉安返回莱希施塔德,与妻子团聚。这次在布拉格的冒险固然让吉安精神大振,却也使他身体透支,憔悴不堪,从此奠定了他放纵享乐的生活模式,塑造了他余生的命运。引用阿克顿爵士的话来说,从布拉格返回后,吉安·加斯托内的脸庞"开始变得怪异可怖,变成我们在乌菲齐美术馆可以看到的他的肖像中的样子"。

1723年10月31日,因久病不治,科西莫三世在告解神父的陪伴下离世。就在他临终的几小时前,众多神职人员和比萨大主教都纷纷赶来为他祝福,祈求他的灵魂能够平安启程。科西莫三世统治了整整五十三年,但身后却留下一个烂摊子。

因为即使有吉安·加斯托内和姐姐安娜·玛丽亚·路易莎,但托斯卡纳大公国并没有定下明确的继承权,故而欧洲大国争相觊觎托斯卡纳的地盘。然而,吉安·加斯托内对于国事和继承问题一直漠不关心。不过,他废除了许多父亲实施的苛刻法律和税目,取消了一项名目奇特的财政支出,即为鼓励犹太人和穆斯林改信基督教所设的"信仰金"。已届天命之年的他,没有任何外来约束,开始过上了为所欲为的"美好生活"。

从这时起,吉安·加斯托内的日常追求就是纵欲享乐。他每天睡到中午才起,坐在床上接见来访的官员,至少得接见一下让朱利亚诺·达米中饱私囊的官员们。在接下来的一天里,除下午五点吃晚饭,凌晨两点吃宵夜外,他都会与托斯卡纳宫廷的新宠鲁斯潘蒂(Ruspanti)们一起消磨。

为满足吉安·加斯托内的特殊癖好,朱利亚诺·达米从佛罗伦萨街头招徕一批年轻人,男女

▲ 随着时间的推移,吉安的精神状况逐渐恶化。他长期形影相吊,酗酒贪杯

皆有,借用一种面值不高的硬币(ruspi)之名,称他们为"鲁斯潘蒂"。这种硬币也用于支付他们的表演。回忆录写道:"不管出身是否微贱,不管是否桀骜难驯、形貌不洁,只要拥有诱人的眼睛和阿多尼斯①般的精致面容就足矣。"

作为皮蒂宫的主人,如今的吉安·加斯托内没有任何羁绊,尽可随心所欲,为所欲为。在鲁斯潘蒂们的陪伴下,他重拾在布拉格养成的放纵淫乱的习性。他躺在床上,身上落满烟灰,似醉如痴。他会命令鲁斯潘蒂们挑逗、侮辱甚至打他,来满足他个人的怪癖。鲁斯潘蒂们还会彼此缠绵,或与大公纵情声色,以餍足大公的享乐需求。皮蒂宫会定期举行盛大晚宴,吉安·加斯托内会以佛罗伦萨的伟大政治家或神父的名字来称呼鲁斯潘蒂们,让他们扮演王公贵族。

---

① 希腊神话中著名美男子。

▲ 自16世纪起，皮蒂宫就是美第奇家族的主要宅邸，如今是佛罗伦萨最大的博物馆综合体

渐渐地，鲁斯潘蒂的人数越来越多，吉安·加斯托内一直不出卧室，无暇与他人谋面。日常国事由大公的嫂子维奥兰特打理。尽管她努力让大公重新出现在公众视野中，但这些努力都付诸东流。维奥兰特曾安排过一场盛筵，邀请托斯卡纳领地内外的名门贵族前往拉佩奇（Lappeggi）宫与吉安·加斯托内见面，然而盛筵的结果却是灾难性的。

宴会刚开始不久，吉安·加斯托内便"已经烂醉如泥，一边吃饭一边放肆地咒骂和打嗝，偶尔口吐不堪入耳的下流言语"。他在餐桌间晃来晃去，令绅士和淑女们感到恐惧和厌恶。突然间，他将餐巾托到嘴边，然后直接吐了起来。他毫不在意地环顾一下惊诧不已的人群，咯咯地笑了起来，随后又"用他的卷发擦拭嘴巴"，然后继续用餐，像是什么事都没发生过一样。客人们

佛罗伦萨的衰落

自科西莫一世与洛伦佐·德·美第奇开创黄金时代后，佛罗伦萨开始了肉眼可见的衰落，直到美第奇王朝的最后一刻。一位外国游客写道："城市已经大不如前，人口应该不超过五万人。"当吉安·加斯托内继承父亲爵位时，许多意大利的壮游者注意到佛罗伦萨街道上的行人主要是神职人员和农民。吉安·加斯托内采取了一系列措施，包括设法为穷人提供救济和工作，但这并未解决实质问题。

在科西莫三世统治的数十年间，佛罗伦萨民众不堪这位卫道士和他麾下奔波的税务稽查人员之扰，已然精神疲惫，疑神疑鬼，几乎陷入赤贫。另一位游客写道："这座城市的衰落非常明显，人口不多，民众也少有作为，大部分居民都是神职人员……在这年迈者众多之地，病弱之人也数不胜数。"

1737年，最后一位美第奇托斯卡纳大公去世，托斯卡纳从此归属于洛林公爵弗朗茨·斯蒂芬。托斯卡纳和佛罗伦萨不再是强大的独立疆域，而只是哈布斯堡帝国领土的一部分。随着时间的推移，弗朗茨·斯蒂芬不仅成为奥地利大公，还当上了神圣罗马帝国皇帝。不久后，美第奇的家族纹章从佛罗伦萨建筑物的门面上纷纷剥去，标志着一个时代的终结。

迅速逃离了宫殿。

同样的丢人现眼在1729年的斋日再次重演，那也是大公最后一次公开亮相。大公醉酒之后，仆人们把他抬回了皮蒂宫，从那时起他大部分时间都待在那里，只有鲁斯潘蒂们陪伴左右。

1737年，一位来自国外的贵族访客称，托斯卡纳大公的状态"令人怜悯……他卧床不起，胡须很长，床单污秽肮脏"。此时，大公的卧室因其长期卧床而变得又脏又臭，仆人们每天都得用新鲜的玫瑰花填充卧室以掩盖恶臭，不让偶尔造访者的鼻子过于遭罪。

同年7月10日，在亲戚们力主下，吉安·加斯托内终于接受神父来听他最后忏悔，试图拯救自己堕落的灵魂。吉安向这位佛罗伦萨当地神父伊波利托·罗萨里（Ippoito Rosselli）致意，喃喃道："你看，我们都固有一死。"数小时后，美第奇王朝的最后继承人在临终忏悔后撒手人寰。

▲ 佛罗伦萨民众对吉安的离世深感悲痛,因为他力行减税,还重拳出击政府中的腐败教士

后美第奇家族时代的佛罗伦萨

眼见美第奇家族后继无人，
欧洲大国竞相将自己的候选人推上公爵宝座

作者：伊丽莎白·诺顿

1723 年，放荡不羁的吉安·加斯托内·德·美第奇继承了托斯卡纳大公之位，然而他身后没有一男半女，致使托斯卡纳继承权成为欧洲一大政治问题。

吉安·加斯托内自称"六十一岁时定能轻松抱上一个漂亮的儿子"，且对此表现得十分自信，但酗酒成瘾的他充其量只能贪图一时的口舌之快。欧洲的王公贵族纷纷觊觎他的领地。吉安·加斯托内本人希望将大公国传给巴伐利亚公爵的儿子们，因为他与这个家族有姻亲关系，但实际上，在一众王公贵族对托斯卡纳领土的纷争

▲ 美第奇家族末代公爵、放荡不羁的吉安·加斯托内无权决定他的继任者

中，他的意见无足轻重。许多人自称是美第奇家族的继承人，包括神圣罗马帝国皇帝查理六世、西班牙腓力五世及意大利埃斯特家族的成员。

吉安·加斯托内刚开始执政不久，腓力五世和查理六世就达成协议，支持西班牙的唐·卡洛斯（Don Carlos）为托斯卡纳继承人，但遭到法兰西的反对。继承问题一直拖到1729年，当时腓力五世与法兰西、荷兰和英国签署了一项条约，各国同意力挺唐·卡洛斯继承托斯卡纳大公爵位，从而导致各国与查理六世关系破裂，因为查理六世早已不再支持唐·卡洛斯的继承权。查理六世派兵进入意大利，向吉安·加斯托内保证他将反对西班牙对托斯卡纳的继承权。但经过一年的争论，所有主要的欧洲大国都承认唐·卡洛斯是吉安·加斯托内的继承人。

1731年，十六岁的唐·卡洛斯来到佛罗伦萨。他在这座城市停留了七个月之久，纵享奢华。作为家族次子，他知道自己继承西班牙王位机会渺茫，对佛罗伦萨这个自己未来的疆域之都饶有兴趣，而继承问题似乎也得到了解决。然而，1735年，这位年轻的王子接受了令他更为向往的那不勒斯和西西里的王位，托斯卡纳大公国再度失去了继承人。

随着西班牙竞争者的离去，查理六世之女、未来女皇玛丽亚·特蕾莎（Maria Theresa）的夫婿洛林公爵弗朗茨成为最炙手可热的继承人选。其实，弗朗茨对托斯卡纳继承权的主张不够理直气壮。他属于美第奇家族的远支，是亨利四世的妻子玛丽·德·美第奇（欧洲很多贵族都是她的子孙）的后裔。而且，由于弗朗兹决定在未来继承神圣罗马帝国皇位后将托斯卡纳的统治权让予帝国家族的其他成员，因此人们将他看作一个临时继承人。

然而，弗朗茨在宣示自己对托斯卡纳的继承权时毫不畏缩。1737年，吉安·加斯托内去世，弗朗茨的麾下大将率领六千名士兵开进佛罗伦萨。吉安·加斯托内寡居的姐姐安娜·玛丽亚·路易莎·德·美第奇也同样主张自己的继承权，但没人予以理睬，她只是获准依旧住在皮蒂宫。她将美第奇家族的全部财产赠予新任大公和继任者，前提是这些财产必须永远留在托斯卡纳。

至此，托斯卡纳结束了长达三个世纪的美第奇家族统治。随着佛罗伦萨的钟声响起，民众对未来心存忧虑。虽然洛林的弗朗茨宣称自己的统治基于世袭权利，但对于民众来说，他的到来更像是一场军事占领。弗朗茨刚一上台，就立即下令拆除城市公共建筑上的美第奇家族标志，代之以象征奥地利的鹰和象征洛林家族的十字架。他还禁止庆祝任何与美第奇王朝有关的节日，这令市民们感到非常不满。尽管最后一任美第奇大公一直不得民心，但洛林王朝更加备受鄙夷，大多数民众对过去的统治者都心存感念。

然而，18世纪中叶的佛罗伦萨本来就是过往辉煌的惨淡余影。城市几乎陷入赤贫，乞讨者四处游荡，建筑物因无人修缮而荒废坍圮。修士僧侣随处可见，他们为日益减少的民众提供宗教服务。民众因新统治者的到来闷闷不乐，1739年1月，当弗朗茨终于抵达佛罗伦萨时，民众对他的欢迎相当冷淡，不过他至少在正式入城时欣赏到了焰火表演和游行仪式。

弗朗茨和妻子玛丽亚·特蕾莎在佛罗伦萨停留了三个月，居住在皮蒂宫，并以此为中心开始探索这座城市。他们在维琪奥宫举办化装舞会，观看了一场城市里的足球赛事，俨然很享受这次访问。夫妇二人承诺重返佛罗伦萨，但在接下来的二十七年中并未再次踏足。在此期间，佛罗伦萨由摄政王理政。

在这段时间里，佛罗伦萨的大部分艺术品和

▲ 起初，西班牙的唐·卡洛斯被选作托斯卡纳大公国继承人，但他放弃了继承权，转而争夺那不勒斯国王之位

美第奇家族最后的公主

安娜·玛丽亚·路易莎是美第奇家族最后的直系后裔。她在最后一位美第奇大公去世后继续生活在佛罗伦萨

▲ 作为女性,安娜·玛丽亚·路易莎无法继承托斯卡纳大公爵位,尽管她的父亲曾试图改变继承顺序

1737年,最后一位美第奇托斯卡纳大公吉安·加斯托内黯然离世,但他并不是在佛罗伦萨居住的美第奇家族的最后成员。其实,父亲科西莫三世最宠爱的是女儿、大公的姐姐安娜·玛丽亚·路易莎,他曾对她继承托斯卡纳大公国寄予厚望。

大公国只允许男性继承,因此科西莫三世试图说服欧洲列强允许女儿继承爵位。早在1710年,他就提议安娜·玛丽亚·路易莎在弟弟去世后继承爵位,而在她去世后,托斯卡纳将成为共和国。然而,这个提议遭到反对,因此科西莫三世于1713年颁布了一项继承法案,将安娜·玛丽亚·路易莎立为弟弟的法定继承人。尽管如此,神圣罗马帝国皇帝和其他欧洲列强还是支持西班牙的唐·卡洛斯的继承权,对继承法案采取无视的态度。

1691年,安娜·玛丽亚·路易莎与莱茵选帝侯成婚,移居德意志。1716年,她重返佛罗伦萨,此时她丈夫已经去世,她无儿无女,十分富有。她在佛罗伦萨的政坛颇具影响力。1723年,科西莫三世去世后,弟弟吉安·加斯托内采取措施,将她排斥于政坛之外。由于欧洲列强的反对,这位美第奇家族最后的公主并未继承大公国。她在佛罗伦萨度过余生,生活优渥,并未再嫁。她将手中美第奇家族的大量艺术藏品留给了新任大公,前提是这些藏品永不离开佛罗伦萨。

▲ 洛林的弗朗茨最终被定为吉安·加斯托内的继任者，但他的统治不得民心

剩余财富都被转移到维也纳。城市税率上调，破产也相应增多。1765年，弗朗茨突然去世，他的托斯卡纳臣民并未为他的离世深表哀悼。他的儿子彼得·利奥波德（Peter Leopold）继承了公爵之位。作为弗朗兹次子，彼得·利奥波德准备与妻子、西班牙的玛丽亚·路易莎一起在托斯卡纳大公国生活。

彼得·利奥波德决意与奥地利保持距离，他向新臣民们许诺他的治国宗旨就是要使托斯卡纳的利益最大化。但他的这一许诺很快就遇到了挑战。他的哥哥迫使他在七年战争中为奥地利出资。但是，他在公开和私下场合都用意大利语交流，还以佛罗伦萨守护圣人"乔凡尼"来命名他的儿子，以此博得了新臣民的好感。

▲ 弗朗茨的妻子、著名女皇玛丽亚·特蕾莎到访过佛罗伦萨，但她更钟情于自己的祖国奥地利

▲ 画中的彼得·利奥波德已结束在托斯卡纳的统治，成为神圣罗马帝国皇帝

彼得·利奥波德决心改变托斯卡纳的面貌。他集中精力发展托斯卡纳的农业；在佛罗伦萨为贫民子弟兴办学校，并废除了他所统治疆域内的残酷刑罚。他关注公共健康和教会事务，对托斯卡纳档案进行了归纳整理，还支持艺术和文学的发展，例如，他支持出版了里古奇奥·加卢齐（Riguccio Galluzzi）所著的《美第奇家族统治下的托斯卡纳大公国历史》。

然而，彼得·利奥波德的统治也跌宕起伏，工人薪水很低，生活十分拮据。1790年2月20日，他在托斯卡纳的统治戛然而止，因为哥哥约瑟夫二世亡故，他立即携家人移居维也纳，继承神圣罗马帝国皇位，成为利奥波德二世。尽管他留下一个摄政委员会代为理政，但委员们很快面临大规模城市骚乱。

1791年6月，彼得·利奥波德的次子费迪南多三世成为托斯卡纳大公。他像他的父亲一样承诺成为一个亲力亲为的统治者。他的统治于

▲ 1801年，帕尔马的路易抵达佛罗伦萨，在法军支持下，成为新建立的伊特鲁里亚王国的统治者

203

1801年宣告结束，因为托斯卡纳被拿破仑·波拿巴并入新建立的伊特鲁里亚（Etruria）王国，统治者为帕尔马（Parma）的路易。这个短命的王国很快被新托斯卡纳大公国所取代，由拿破仑的妹妹伊丽莎（Elisa）夫妇统治。1814年，法兰西占领终于结束，费迪南多三世回归，佛罗伦萨普天同庆。洛林王朝还在这里统治了数代，直到托斯卡纳最终在19世纪末并入崭新的统一国家意大利。

尽管洛林的弗朗茨及其继承者所统治的大

▲ 18世纪中叶的佛罗伦萨是欧洲北部年轻绅士壮游行程中的重要一站

▲ 1744年的佛罗伦萨景象。洛林的弗朗茨到来时，城市中乞丐遍地，经济凋敝

▲ 18世纪40年代的佛罗伦萨。在美第奇家族统治末期,这座城市几近破产,尽管它往昔的辉煌吸引来众多游客

公国经济凋敝,但他们治下的佛罗伦萨城饱受文化滋养。早在美第奇家族治下,佛罗伦萨就一直游人如织,18世纪中叶起,更是成为举世瞩目的旅游胜地,吸引了众多旅行者在壮游途中流连忘返,欣然驻留。旅游推动佛罗伦萨的基础设施不断改善,新建旅馆拔地而起,原有旅馆得以扩建。尤其是英格兰和苏格兰的年轻人接踵而至,云集佛罗伦萨,除观光名胜,更沉浸在这座城市浓厚的文化氛围中,购置精美艺术品、家具和其他奢侈品带回故土。佛罗伦萨始终是欧洲最重要的旅游胜地之一,纵使拿破仑战争使游客数量骤减,但游客们很快又纷至沓来。

美第奇家族在佛罗伦萨的统治虽然时有动荡,偶失民心,但这个家族的文化造诣不容置疑。佛罗伦萨在艺术和科学领域的种种卓越创新无不彰显这个家族曾经的辉煌。美第奇家族庞大的艺术品、书籍和珠宝收藏使佛罗伦萨一直保持着全球最富文化气息的城市之一的地位。自18世纪至今,数以百万计的游客慕名而来,纵览奇珍异宝,而美第奇家族的收藏正是这座城市旅游业王冠上当之无愧的明珠。他们曾居住过的宅邸、奋笔疾书过的办公室和虔诚礼拜过的教堂游人如织。佛罗伦萨可以当之无愧地宣称自己是欧洲最具文化影响力的城市之一。这就是美第奇家族留给世人的宝贵遗产。

▲ 费迪南多三世是彼得·利奥波德的次子。他继承了托斯卡纳大公爵位，后在拿破仑统治时期失去了托斯卡纳大公国

图片所属

13、14、18页	© Getty Images
71页	© Alamy
109—111页	© Alamy, TopFoto
121页	© Joe Angeles; Cambridge University Press/William Wallace
135—137页	© imageBROKER / Alamy Stock Photo
144—147页	© Getty Images; Shutterstock; Rex Features
175页	© Getty Images; Alamy
177页	© Alamy